Christine Kirsch, Martina Kober, Petra Wronewitz

Übungsfälle

Zwischenprüfung für Rechtsanwalts- und Notarfachangestellte

1. Auflage

Bestellnummer 50523

■ Bildungsverlag EINS

Die in diesem Produkt gemachten Angaben zu Unternehmen (Namen, Internet- und E-Mail-Adressen, Handelsregistereintragungen, Bankverbindungen, Steuer-, Telefon- und Faxnummern und alle weiteren Angaben) sind i. d. R. fiktiv, d. h., sie stehen in keinem Zusammenhang mit einem real existierenden Unternehmen in der dargestellten oder einer ähnlichen Form. Dies gilt auch für alle Kunden, Lieferanten und sonstigen Geschäftspartner der Unternehmen wie z. B. Kreditinstitute, Versicherungsunternehmen und andere Dienstleistungsunternehmen. Ausschließlich zum Zwecke der Authentizität werden die Namen real existierender Unternehmen und z. B. im Fall von Kreditinstituten auch deren IBANs und BICs verwendet.

service@bv-1.de
www.bildungsverlag1.de

Bildungsverlag EINS GmbH
Ettore-Bugatti-Straße 6-14, 51149 Köln

ISBN 978-3-427-**50523**-5

Vorwort

Liebe Auszubildenden,
liebe Leserinnen und Leser,

das vorliegende Buch ist für die Vorbereitung auf die Zwischenprüfung, die zu Beginn des 2. Ausbildungsjahrs stattfinden soll, gedacht.

Im Rahmen der Zwischenprüfung werden zwei Prüfungsbereiche geprüft:

- Kommunikation und Büroorganisation
- Rechtsanwendung

In den beiden Prüfungsbereichen sollen nach der Ausbildungsverordnung fallbezogene Aufgaben schriftlich bearbeitet werden. Die Prüfungszeit beträgt jeweils 60 Minuten.

Dieses Buch enthält in Teil I neben übersichtlichen Schemata zu den einzelnen Prüfungsbereichen vielfältige fallbezogene Aufgaben.

Die Schemata fassen einzelne Themenbereiche konzentriert zusammen und dienen als Erinnerungsstütze, um die Prüfungsvorbereitung zu erleichtern. Anhand der fallbezogenen Aufgaben können Sie Ihren Wissensstand überprüfen und sich so umfassend auf die Zwischenprüfung vorbereiten.

Das Buch soll Ihnen auch im Kanzleialltag helfen, um bspw. Situationen richtig einzuschätzen und das Gesetz richtig zu deuten und anzuwenden.

Die Lösungen zu den fallbezogenen Aufgaben in Teil II dieses Buchs sind zum Teil als Lösungsvorschläge zu verstehen, die auch Raum für alternative Antworten lassen.

Die Autorinnen

Inhaltsverzeichnis

Teil I: Schemata und zu bearbeitende Fälle zu den Prüfungsbereichen

Prüfungsbereich 1: Kommunikation und Büroorganisation

1.1 Arbeitsaufgaben planen, durchführen und kontrollieren

Schemata

Arbeitsaufgaben planen

- klare Strukturierung von Unternehmen erforderlich
- Aufgrund der Vielzahl der notwendigen Aufgaben (z. B. Personalwesen, Beschaffung) ist eine betriebliche Organisation unerlässlich.
- Die betriebliche Organisation erfolgt durch drei Regelsysteme.
  - Organisation = dauerhafte Regelung für sich ständig wiederholende gleichartige Vorgänge
  - Disposition = Regelung, die von Fall zu Fall bei ähnlichen Situationen festgestellt wird; bei regelmäßiger Wiederkehr muss sie durch generelle Regelungen ersetzt werden (= Substitutionsprinzip).
  - Improvisation = fallweise Regelung für vorläufige, ungeplante und neuartige Situationen; bei regelmäßiger Wiederkehr muss sie durch generelle Regelungen ersetzt werden (= Substitutionsprinzip).

- Ablauforganisation = sinnvolle Gestaltung betrieblicher Abläufe (= standardisierte Arbeitsabläufe)
- drei Arten der Ablauforganisation
  - funktionsorientierte Ablauforganisation = Arbeitsablauf wird in einzelne Arbeitsschritte unterteilt, damit diese optimal ausgeführt werden können.
  - zeitorientierte Ablauforganisation = Beginn/Ende/Dauer eines Arbeitsschritts werden erläutert, Ablauf wird zeitlich optimiert abgestimmt auf personelle, maschinelle und technische Gegebenheiten.
  - raumorientierte Ablauforganisation = Grundlage der Arbeitsplatzgestaltung, Stellen, die häufig zusammenarbeiten, sollten möglichst nahe beieinander liegen.

- **Arbeitsaufgaben durchführen**
  - standardisierte Arbeitsabläufe anwenden für sich ständig wiederholende gleichartige Vorgänge
    - funktionsorientierte Ablauforganisation
    - zeitorientierte Ablauforganisation
    - raumorientierte Ablauforganisation
  - Zeitmanagement-Methoden für individuell anfallende Arbeiten anwenden, z. B.:
    - To-do-Liste: Alle zu erledigenden Aufgaben werden untereinander notiert und nach Erledigung durchgestrichen.
    - ABC-Methode: Alle zu erledigenden Aufgaben werden in drei Kategorien eingeteilt und die Akten danach sortiert.

- **Arbeitsaufgaben kontrollieren**
  - Qualitätsmanagement = aufeinander abgestimmte Tätigkeiten zum Leiten und Lenken einer Organisation bezüglich Qualität
    - • Durch die Standardisierung von Arbeitsabläufen (= Prozessablaufpläne = Ablauforganisation) soll eine gleichbleibende Qualität sichergestellt bzw. eine höhere Qualität erreicht werden
      • Kosteneinsparung durch Minimierung des Zeitaufwands
      • Arbeitsanweisungen zu den jeweiligen Prozessablaufplänen
    - • DIN EN ISO 9001
      • Vorteile einer Zertifizierung
      • richtig werben mit Zertifizierung
  - standardisierte Arbeitsabläufe anpassen
    - kontinuierlicher Verbesserungsprozess (PDCA):
      • plan (planen)
      • do (umsetzen/durchführen)
      • check (prüfen/kontrollieren)
      • act (anpassen/standardisieren)

Ausführlichere Informationen zu den in den Schemata zusammengefassten Themenbereichen „Arbeitsaufgaben planen, durchführen und kontrollieren" finden Sie im Lehrbuch:

- Lernfeld 2, Kapitel 1.1 und 1.3 (Arbeitsaufgaben planen)
- Lernfeld 2, Kapitel 1.3 und 2.7.2 (Arbeitsaufgaben durchführen)
- Lernfeld 2, Kapitel 2.8 (Arbeitsaufgaben kontrollieren)

Fälle

1. In der Rechtsanwaltskanzlei Dr. Muchatzki, Wolf & Kollegen GbR ist die Rechtsfachwirtin Maike Schuster für die betriebliche Organisation zuständig.

a) Die Auszubildende Katharina Kofler kann sich unter dem Begriff „betriebliche Organisation" nichts vorstellen und erkundigt sich bei Maike Schuster, was alles unter diesen Begriff fällt. Wie wird Maike Schuster der Auszubildenden dies erklären?

b) Maike Schuster erklärt Katharina Kofler weiter, dass in der Rechtsanwaltskanzlei Dr. Muchatzki, Wolf & Kollegen GbR verschiedene Regelsysteme nebeneinander existieren, nämlich die Organisation, die Disposition und die Improvisation. Maike Schuster nennt für die verschiedenen Regelsysteme folgende Beispiele:

- Ausfall der Telefonanlage
- Einkauf von Kopierpapier
- jährliche Urlaubsplanung

Katharina Kofler soll diese Beispiele den drei Regelsystemen zuordnen. Welchen Regelsystemen wird Katharina Kofler jeweils die genannten Beispiele zuordnen?

2. Die Rechtsanwaltskanzlei Thilo Ledermann & Paula Lehrieder, Partnerschaft, hat seit einer Woche ein Anwaltsprogramm. Die Rechtsfachwirtin Caroline Neuerts-Bauer war bei einem Einführungsseminar. Sie weist nun in einer betrieblichen Fortbildung die beiden Kanzleiinhaber und die Mitarbeiter/-innen

- Carina Hubertus, angestellte Rechtsanwältin,
- Nico Schättler, Rechtsanwalts- und Notarfachangestellter,
- Alexandra Ponte, Rechtsanwaltsfachangestellte,
- Julika Reinerts, Rechtsanwaltsfachangestellte in Teilzeit,
- Emilia Ingbrandtsen, Auszubildende zur Rechtsanwaltsfachangestellten,
- Benedikt Niedermeyer, Auszubildender zum Rechtsanwaltsfachangestellten

in das neue Programm ein. Die Rechtsfachwirtin plant insgesamt vier Arbeitstage in der Woche vom 05.11.2016 bis 08.11.2016 ein. Jeden Tag sollen zwei Rechtsanwälte/Rechtsanwältinnen bzw. Mitarbeiter/-innen eingewiesen werden.

a) Der Auszubildende Benedikt Niedermeyer erhält den Auftrag, über die betriebliche Fortbildung eine Ablauforganisation zu erstellen. Welche Art der Ablauforganisation sollte Benedikt Niedermeyer auswählen?

b) Wie könnte die Ablauforganisation aussehen, die Benedikt Niedermeyer erstellt? Bei der Erstellung soll Benedikt Niedermeyer berücksichtigen, dass der normale Kanzleiablauf möglichst wenig beeinträchtigt wird.

c) Benedikt Niedermeyer erkundigt sich bei Caroline Neuerts-Bauer, wann die anderen beiden Arten der Ablauforganisation eingesetzt werden. Wie wird Caroline Neuerts-Bauer die beiden Ablauforganisationsarten vorstellen?

3. Die Rechtsanwaltskanzlei Burano & Brandt, Partnerschaft, beschäftigte bislang mit Carmen Zweigelt und Jessica Greer zwei Rechtsanwaltsfachangestellte. Nun werden diese durch die

Teilzeitkraft Silke Prauße entlastet. Da Silke Prauße jedoch keine gelernte Rechtsanwaltsfachangestellte ist, müssen Carmen Zweigelt und Jessica Greer vieles erklären.

a) Um es Silke Prauße einfacher zu machen, erstellt Carmen Zweigelt hinsichtlich des Ablegens von Akten den Prozessablaufplan „Akten ablegen und archivieren". Wie könnte dieser Ablaufplan aussehen?

b) Einige Wochen später übergibt Jessica Greer einige Akten an Silke Prauße, die diese ablegen soll. Hierbei handelt es sich um folgende Akten:

- Prust ./. Schiffer wegen Herausgabe diverser geliehener Gegenstände
- Prust ./. Schiffer wegen Darlehensrückzahlung (u. a. enthalten die vollstreckbare Ausfertigung des Endurteils und des Kostenfestsetzungsbeschlusses des Landgerichts München I)
- Engelbrecht wegen mietrechtlicher Beratung (u. a. enthalten der Mietvertrag vom 10.12.2013 im Original)
- Rychtecky ./. Aschweiler wegen Pflichtteilsanspruch (u. a. enthalten eine Ausfertigung des notariellen Übergabevertrags vom 16.01.2008)
- Wagenhäuser ./. Perisic wegen Beleidigung

Wie geht Silke Prauße beim Ablegen dieser Akten vor, wenn die Rechtsanwaltskanzlei Burano & Brandt ein Anwaltsprogramm verwendet?

4. Die Rechtsfachwirtin Susanne Dornreiter-Hagen ist in der Rechtsanwaltskanzlei Fiebig & Kollegen GbR u. a. für die Bearbeitung der Wiedervorlagen (z. B. Mahnschreiben erstellen, Telefonate erledigen), die Bearbeitung der eingehenden Post (z. B. Schreiben an Gerichte und Beteiligte erstellen) sowie die Abrechnung der Handakten zuständig.

a) Handelt es sich bei den genannten Arbeiten von Susanne Dornreiter-Hagen um standardisierte oder nicht standardisierte Tätigkeitsbereiche?

b) Wie kann Susanne Dornreiter-Hagen den Überblick behalten, welche Arbeiten sie noch erledigen muss?

5. In der Rechtsanwaltskanzlei John Mellows & Linda Reichhart GbR sind die Rechtsanwaltsfachangestellten Rica Hambacher und Franziska Schäffler sowie die Auszubildende Eva Grozinsky beschäftigt. Um den Überblick über anfallende Arbeiten zu behalten, wenden die beiden Rechtsanwaltsfachangestellten eine Zeitmanagement-Methode an. Rica Hambacher bevorzugt die To-do-Liste, Franziska Schäffler dagegen wendet die ABC-Methode an.

a) Rica Hambacher und Franziska Schäffler stellen Eva Grozinsky gegenüber die beiden Zeitmanagement-Methoden vor. Wie erklären die beiden Rechtsanwaltsfachangestellten die Anwendung sowie Vor- und Nachteile der To-do-Liste und der ABC-Methode?

b) Da Eva Grozinsky die beiden vorgestellten Zeitmanagement-Methoden nicht zusagen, recherchiert sie im Internet nach weiteren Methoden. Dabei stößt sie auf die Eisenhower-Methode. Eva Grozinsky erkundigt sich bei Rica Hambacher, ob sich diese Methode ebenfalls für den Einsatz in der Rechtsanwaltskanzlei eignet. Ist dies der Fall?

c) Wie müsste Eva Grozinsky bei der Anwendung der Eisenhower-Methode die zu erledigenden Arbeiten einteilen?

d) Was müssen die beiden Rechtsanwaltsfachangestellten und die Auszubildende bei der Anwendung ihrer Zeitmanagement-Methode in jedem Fall beachten?

6. Der Rechtsanwaltsfachangestellte Jean-Michel Fichtner arbeitet seit 15 Jahren für die Rechtsanwältin Nora Kingsley. Am 15.11.2016 hat er von der Rechtsanwältin Nora Kingsley einen großen Stapel an Akten erhalten. In diesem Stapel befinden sich vier Fristsachen, wovon zwei noch am gleichen Tag erledigt werden müssen und zwei am darauffolgenden Tag. Jean-Michel Fichtner nimmt sich sofort die zwei Fristsachen vor, die noch am gleichen

Tag erledigt werden müssen. Er kann aber aufgrund seiner Berufserfahrung schon einschätzen, dass er es nicht rechtzeitig schaffen wird, die anderen beiden Fristsachen auch noch rechtzeitig zu erledigen. Wie sollte Jean-Michel Fichtner vorgehen?

7. In der Rechtsanwaltskanzlei Dr. Rudkowski, Lindt und Rikeit GbR gibt es einen Prozessablaufplan „Mandanten empfangen". Die Rechtsfachwirtin Rosalie Hastings stellt fest, dass der Mandantenempfang künftig anders strukturiert werden muss, da die Mandanten zukünftig bereits vor dem Gespräch beim zuständigen Rechtsanwalt bzw. bei der zuständigen Rechtsanwältin den Mandatsaufnahmebogen, sofern es sich um einen neuen Fall handelt, ausfüllen sollen, um so den Zeitaufwand des Rechtsanwalts bzw. der Rechtsanwältin zu minimieren. Zudem soll den Mandanten künftig aus den Jacken geholfen werden, sofern diese welche tragen. Die Jacken, etwaige Schirme o. Ä. sollen anschließend aufgehängt bzw. abgelegt werden.

a) Wie muss Rosalie Hastings in diesem Fall vorgehen?

b) Was wird durch die Anpassung des Prozessablaufplans „Mandanten empfangen" für die Rechtsanwaltskanzlei Dr. Rudkowski, Lindt und Rikeit GbR erreicht?

c) Wie könnte der Prozessablaufplan, also die Ablauforganisation, aussehen, nachdem ihn Rosalie Hastings angepasst hat?

d) Welche Schritte muss Rosalie Hastings nach der Anpassung des Prozessablaufplans noch unternehmen?

e) Die Rechtsanwaltskanzlei Dr. Rudkowski, Lindt und Rikeit GbR stellt eine neue Mitarbeiterin ein. Lisa Fritzsch wird von Rosalie Hastings eingearbeitet. Im Rahmen der Einarbeitung weist Rosalie Hastings auf das Kanzleihandbuch hin, in dem neben den Prozessablaufplänen für standardisierte Tätigkeiten auch die jeweils dazugehörenden Arbeitsanweisungen abgeheftet sind. Lisa Fritzsch erkundigt sich, was denn der Unterschied zwischen Prozessablaufplänen und Arbeitsanweisungen sei. Worin liegt dieser?

f) Wie könnte die Arbeitsanweisung zum Prozessablaufplan „Mandanten empfangen" aussehen, die Rosalie Hastings erstellt hat?

8. Die Rechtsanwaltssozietät Heitmann, Schultz & Kollegen AG hat sich nach DIN EN ISO 9001 zertifizieren lassen. Mit dem Qualitätssiegel soll auf der Webseite der Kanzlei geworben werden.

a) Worauf muss die Rechtsanwaltsfachangestellte Anne Scheller achten, wenn sie das Qualitätssiegel in die Webseite der Kanzlei einpflegt?

b) Die Auszubildende Julika Kestler erkundigt sich bei Anne Scheller, worin denn eigentlich die Vorteile der Zertifizierung nach DIN EN ISO 9001 lägen. Welche Vorteile hat diese?

1.2 Post bearbeiten und Akten verwalten

Schemata

Posteingang

- Die Regelung erfolgt innerbetrieblich.
- Es kommt auf die Größe der Rechtsanwaltskanzlei bzw. des Notariats an.
- Der Ablauf erfolgt jedoch in der Regel in sieben Arbeitsschritten.

Ablauf des Posteingangs:
- sortieren
- öffnen
- kontrollieren
- stempeln
- digitalisieren
- Bearbeitungs- bzw. Erledigungsvermerke anbringen
- verteilen

Postausgang

- Die Regelung erfolgt innerbetrieblich.
- Es kommt auf die Größe der Rechtsanwaltskanzlei bzw. des Notariats an.
- Entscheidung, ob über die Deutsche Post AG oder mit privaten Zustellern versandt wird.
- Der Ablauf erfolgt in der Regel in neun Arbeitsschritten.

Ablauf des Postausgangs:
- zusammenstellen
- unterschreiben
- Umschläge adressieren
- sortieren
- kontrollieren
- Eintrag ins Postausgangsbuch
- falten/falzen
- kuvertieren und Porto bestimmen
- frankieren

verschiedene Sendungsarten der Deutschen Post AG, z. B.:
- Briefe und Postkarten
- Päckchen und Pakete
- Dialogpost
- Warensendung
- Büchersendung
- Werbeantwort

besondere Versendungsformen der Deutschen Post AG
- Einschreiben
- Eigenhändig
- Rückschein
- Nachnahme
- Express-Brief/-Paket
- Luftpost

Vorausverfügungen der Deutschen Post AG, z. B.:
- Nicht nachsenden!
- Bei Umzug mit neuer Anschrift zurück!

Aktenverwaltung

- Ordnungssysteme dienen der Aufbewahrung und Archivierung von Schriftgut (= Dokumente, Unterlagen, Schreiben aller Art).
- Es wird unterschieden zwischen Ablage- und Ordnungsmitteln.

Ablagemittel:
- Loseblatt-Ablage
- geheftete Ablage
- gebundene Ablage

Aufbewahrung über
- liegende Registratur
- stehende (bibliothekarische) Registratur
- lateral-stehende Registratur
- vertikal-hängende Registratur
- lateral-hängende Registratur

Ordnungsmittel, z. B.:
- Trennstreifen
- Reiter aus Metall
- Formulare
- Dateien

- Akten sollen mithilfe von verschiedenen Ordnungsmöglichkeiten immer einfach und schnell wieder herausgesucht werden können.
- Aufbau der Registratur nach systematischen Gesichtspunkten

Ordnungsmöglichkeiten:
- alphabetische Ordnung, DIN 5007
- numerische Ordnung
- alphanumerische Ordnung
- chronologische Ordnung
- sachliche Ordnung

- Die Anlage, Führung, Ablage und Archivierung von Akten sind innerbetrieblich geregelt.
- Gegebenenfalls wird die Arbeit mit den Akten durch Anwalts-/Notariatsprogramme unterstützt.
- Akten müssen so geführt werden, dass auf den ersten Blick die Mandatsdaten sowie der Sachstand ersichtlich sind.

Akten anlegen:
- Mandatsstammdaten
- Aktenzeichen
- Prozessregister
- Handaktenbogen
- Unterlagen sortieren und einordnen
- Aktenbeschriftung

Akten führen:
- Schriftwechsel
- Telefonnotizen
- Aktenvermerke
- Unterlagen einheften
- Anpassung der Mandatsdaten

Akten ablegen und archivieren:
- nach Beendigung und Ausgleich der Kosten
- Originalunterlagen und Urteile o. Ä. zurücksenden
- Akte aus Aktendeckel o. Ä. entnehmen und zusammenheften
- Ablagenummer und -datum
- Archivierung mittels Schachteln o. Ä.
- Aufbewahrungsfristen (Tages-, Prüf-, Dauer- und Gesetzeswert)

Ausführlichere Informationen zu den in den Schemata zusammengefassten Themenbereichen „Post bearbeiten und Akten verwalten“ finden Sie im Lehrbuch:

- Lernfeld 2, Kapitel 2.1 (Posteingang)
- Lernfeld 2, Kapitel 2.2 (Postausgang)
- Lernfeld 2, Kapitel 2.4 und 2.5 (Aktenverwaltung)

Fälle

1. Die Auszubildende Melissa Szermak bearbeitet die eingehende Post in der Rechtsanwaltskanzlei Dr. Veist & Kollegen GbR. Darunter befindet sich ein Schreiben von Dieter Kurtze, der mitteilt, dass er ab dem Ersten des kommenden Monats eine neue Anschrift sowie eine neue Telefonnummer hat. Welche Arbeitsschritte muss Melissa Szermak unternehmen?

2. Die Rechtsanwältin Dr. Gudrun Illgner berät Christian Bauer in einer mietrechtlichen Angelegenheit. Dieser zahlt die anwaltlichen Gebühren in Höhe von 226,10 € in bar bereits im Anschluss an die Beratung.

a) Nach dem Beratungsgespräch übergibt die Rechtsanwältin Dr. Gudrun Illgner den Mandatsaufnahmebogen, den Besprechungsvermerk, den von Christian Bauer vorgelegten Mietvertrag in Kopie, den Betrag in Höhe von 226,10 € sowie die von ihr ausgestellte Quittung an den Auszubildenden Thorsten Schmidgall mit der Bitte, eine Handakte anzulegen. Wie geht Thorsten Schmidgall nun vor?

b) Nachdem Thorsten Schmidgall die Handakte angelegt hat, erstellt er die Kostenrechnung für Christian Bauer mit einem entsprechenden Anschreiben. Das Schreiben nebst Kostenrechnung legt er zunächst in die Unterschriftenmappe. Am späten Nachmittag beginnt er dann mit der Bearbeitung des Postausgangs. Wie sieht der Arbeitsablauf von Thorsten Schmidgall aus?

c) Der Mandant Christian Bauer hat sich nach der Beratung nicht mehr in der Rechtsanwaltskanzlei Dr. Gudrun Illgner gemeldet, sodass Thorsten Schmidgall die Handakte nach einem Monat ablegt. Wie geht er hierbei vor?

3. Die Rechtsanwaltskanzlei Dr. Giesert, Kalinowski & Tricherts GbR mit Sitz in Berlin versendet jeden Tag zwischen 30 und 90 Briefe. Bei der Erstellung der Schreiben und Anfertigung von Kopien/Abschriften verwendet die Kanzlei grundsätzlich DIN-A4-Papier à 80 g/m². Für den Postausgang ist die Auszubildende Tina Meusert zuständig. Beurteilen Sie bei den nachfolgenden Fällen, welche Sendungsart bzw. besondere Versendungsform Tina Meusert wählen sollte.

a) Die Mandantin Xenia Rupperti erhält vom Rechtsanwalt Dr. Reinhold Giesert eine Vorschusskostenrechnung in Sachen Xenia Rupperti ./. Paul Rupperti wegen Unterhalt mit einem Anschreiben, dass die Kostenrechnung binnen einer Frist von zwei Wochen auszugleichen ist.

b) In dem Rechtsstreit Michael Schuster ./. Olaf Eckartz wegen Darlehensforderung erstellt die Rechtsanwältin Kathrin Tricherts einen 15-seitigen Schriftsatz an das zuständige Landgericht.

c) Der Nachbarschaftsstreit zwischen Rosa Mrazek und Gunther Bartosch konnte gütlich beigelegt werden. Nachdem Rosa Mrazek die anwaltlichen Gebühren ausgeglichen hat, bittet die Rechtsanwältin Kathrin Tricherts die Auszubildende Tina Meusert, den Unterlagenordner (31 cm lang, 28 cm breit, 5 cm hoch, 1 kg schwer) an die Mandantin zurückzusenden, da diese ihn nicht persönlich abholen kann.

d) Jedes Jahr wird eine Vortragsreihe zu unterschiedlichen Themen in der Rechtsanwaltskanzlei veranstaltet. Tina Meusert soll 100 ausgewählte Mandanten hierzu einladen.

Zusammen mit einem Einladungsschreiben soll ein Flyer übersandt werden, aus dem sich die weiteren Informationen ergeben.

e) Der Rechtsanwalt Dr. Reinhold Giesert vertritt Ludmilla König in einer Forderungssache gegen David Bartsch. Dieser fordert die Gegenseite zunächst außergerichtlich auf, die Forderung in Höhe von 5 000,00 € nebst den entstandenen anwaltlichen Gebühren binnen einer Frist von zwei Wochen zu begleichen. Zur ggf. späteren Vorlage bei Gericht wird ein Nachweis benötigt, dass David Bartsch das Aufforderungsschreiben auch erhalten hat.

f) Elijah Bradow, wohnhaft in London, beauftragt die Rechtsanwältin Kathrin Tricherts mit der Abwicklung des Erbfalls seiner Tante, die in Deutschland wohnte. Prinzipiell findet die Kommunikation per E-Mail statt. Nun müssen jedoch Unterlagen per Post übersandt werden. Ein Nachweis bzw. eine Versicherung der Sendung ist jedoch nicht nötig.

4. Die Auszubildende Barbara Aschöner bearbeitet den Posteingang in der Rechtsanwaltskanzlei Treptow & Kollegen GbR. Unter den geschäftlichen Briefen befindet sich auch eine Briefsendung an die Rechtsanwältin Anita Treptow mit dem Vermerk „Persönlich“. Wie muss Barbara Aschöner in diesem Fall vorgehen?

5. Die Rechtsanwaltskanzlei Lippert, Heuberger & Partner GbR sammelt und ordnet das anfallende Schriftgut, also Dokumente, Unterlagen und Schreiben aller Art, mithilfe von verschiedenen Ablagemitteln. Die derzeit in der Rechtsanwaltskanzlei mitarbeitende Referendarin Verena Diedert bittet die Auszubildende Sabrina Lönnertz, ihr zu erläutern, welche Ablagetechniken in welchem Fall eingesetzt werden und welche jeweils die Vorteile dieser Technik sind. Welche Ablagetechniken stellt Sabrina Lönnertz der Referendarin vor?

6. Der Rechtsanwalt Dr. Christian Jörgensen bringt dem Auszubildenden Jan Niederau einen Stapel Handakten:

- Richter, Kurt
- Bundesagentur für Arbeit
- Verein der Fußballexperten
- Richter, A.
- Jülka, Theodor
- 123 Telefonie GmbH
- Juelka, Fridolin
- Treznewski-Schott, Eva

Diese Akten sollen in den Aktenschrank eingeordnet werden. Im Aktenschrank befinden sich bereits folgende Handakten:

- Auer, Jan-Frieder
- Bundesministerium der Finanzen
- GdL
- Meyer, Jens
- Polizeiinspektion München

Wie muss Jan Niederau die Handakten, die ihm der Rechtsanwalt Dr. Christian Jörgensen übergeben hat, sortieren, damit diese korrekt nach der alphabetischen Ordnung gemäß DIN 5007 im Aktenschrank eingeordnet werden?

7. Der Mandant Ben Schnarkowski übergibt der Auszubildenden Sina Bernert diverse Unterlagen, die die Rechtsanwältin Melanie Werrlein für die Bearbeitung des Mandats noch benötigt. Hierbei handelt es sich um folgende Unterlagen:
   - Mietvertrag über die gemietete Wohnung Nr. 5 vom 23.06.2000
   - Nachtrag zum Mietvertrag über die gemietete Wohnung Nr. 5 vom 25.08.2010
   - Mietvertrag über die gemietete Garage Nr. 2 vom 25.12.2008
   - Anschreiben des Mandanten Ben Schnarkowski vom 29.07.2016
   - Nebenkostenabrechnung für das Jahr 2015 vom 01.07.2016
   - Nebenkostenabrechnung für das Jahr 2014 vom 13.06.2015
   - Nebenkostenabrechnung für das Jahr 2013 vom 25.07.2014

   Bevor Sina Bernert die Unterlagen an die Rechtsanwältin Melanie Werrlein übergibt, sucht sie die entsprechende Handakte heraus und heftet die Unterlagen chronologisch ein. Bislang wurden in der Handakte lediglich der Mandatsaufnahmebogen und der Besprechungsvermerk vom 14.07.2016 abgeheftet.
   a) Wie muss Sina Bernert die Unterlagen in die Handakte einsortieren, wenn in der Rechtsanwaltskanzlei Melanie Werrlein die Behördenheftung angewandt wird?
   b) Wie sortiert Sina Bernert die Unterlagen in die Handakte ein, wenn die kaufmännische Heftung angewandt wird?

8. Der Rechtsanwalt Dr. Anton Busch vertritt Marina Martinelli in dem Rechtsstreit Marina Martinelli ./. Jennifer Albrecht wegen einer Kaufpreisforderung. Das Gericht hat ein Urteil zugunsten von Marina Martinelli erlassen. Die vollstreckbare Ausfertigung des Urteils wurde dem Rechtsanwalt Dr. Anton Busch zugestellt, ebenso wie die vollstreckbare Ausfertigung des Kostenfestsetzungsbeschlusses. Da Jennifer Albrecht derzeit kein Vermögen und kein Einkommen besitzt und sie bereits die Vermögensauskunft in einer anderen Sache abgegeben hat, verzichtet Marina Martinelli derzeit auf Zwangsvollstreckungsmaßnahmen. Der Rechtsanwalt Dr. Anton Busch rechnet deshalb ab. Nach Begleichung der Kosten übergibt er die Akte an die Auszubildende Linda Stromberg mit dem Hinweis, dass die Akte abgelegt werden könne. Wie muss Linda Stromberg in diesem Fall vorgehen?

9. Die Rechtsanwaltskanzlei Petkovic, Ringelmann, Leinweber & Kollegen AG bewältigt jeden Tag vielfältiges Schriftgut. Hierfür sind unterschiedliche Aufbewahrungsfristen zu beachten. Beurteilen Sie die nachfolgenden Fälle.
   a) Die Auszubildende Nina Capelli bearbeitet gerade die Eingangspost. Hierin befindet sich ein Prospekt über einen Kaffeeautomat. Diesen Prospekt zeigt sie der Rechtsfachwirtin Carina Wittmann, die ihr sagt, dass derzeit keine Neuanschaffung notwendig sei.
   b) Der Mandant Uwe Schmitt hat über die Rechtsanwaltskanzlei ein Patent angemeldet. Die Rechtsanwaltskanzlei erhält vom Deutschen Patent- und Markenamt die Patenturkunde. Die Rechtsanwältin Veronika Leinweber bittet die Auszubildende Lea Markewitsch, dem Mandanten diese Urkunde zu übersenden. Dabei soll sie den Mandanten auf die Aufbewahrungsfrist hinweisen.
   c) Die Rechtsanwaltsfachangestellte Sarah Bauer beabsichtigt, das Regal, in dem sich die Buchungs- und Steuerunterlagen befinden, neu zu ordnen und dabei die Buchungs- und Steuerunterlagen, deren Aufbewahrungsfrist bereits abgelaufen ist, zu vernichten.
   d) Die Rechtsanwältin Inga Ringelmann übergibt der Rechtsfachwirtin Carina Wittmann das Rundschreiben der Rechtsanwaltskammer. Dieses beinhaltet die Neuzulassungen von Rechtsanwälten im Kammerbezirk, Informationen zur Abschlussprüfung der

Rechtsanwaltsfachangestellten u. a. Nachdem diese es zur Kenntnis genommen hat, gibt sie es noch an die Rechtsanwaltsfachangestellte Sarah Bauer zur Kenntnisnahme weiter.

e) Der Rechtsanwaltsfachangestellte Timo Kohrmann nimmt eine bestellte Paketsendung entgegen. Laut Lieferschein werden einige der bestellten Büromaterialien nachgeliefert, da sie nicht vorrätig waren.

f) Die Auszubildende Nina Capelli legt Handakten ab. Dabei stößt sie in einer Akte auf eine vollstreckbare Ausfertigung des Urteils sowie Vollstreckungsunterlagen. Damit die Rechtsanwaltskanzlei die Akte nicht „ewig" archivieren muss, sendet sie diese Unterlagen an den Mandanten zurück.

10. Die Rechtsanwaltsfachangestellte Kirsten Hansen überprüft einmal im Jahr das Aktenarchiv der Rechtsanwaltskanzlei Andersen, Christ & Partner GbR.

a) Erläutern Sie, warum sich Kirsten Hansen einmal im Jahr das Aktenarchiv „vornimmt".

b) Auf welche Aufbewahrungsfrist(en) muss Kirsten Hansen achten, wenn sie Akten zur Vernichtung aus dem Archiv heraussucht?

c) Welche Möglichkeiten der Aktenvernichtung stehen Kirsten Hansen und damit der Rechtsanwaltskanzlei Andersen, Christ & Partner GbR zur Verfügung?

d) Angenommen, die Rechtsanwaltskanzlei Andersen, Christ & Partner GbR würde die Akten nicht in Papierform archivieren, sondern elektronisch. Welche Aufbewahrungsfrist(en) müsste Kirsten Hansen beim „Durchforsten" des Archivs dann beachten?

e) Welche Besonderheiten muss Kirsten Hansen und damit die Rechtsanwaltskanzlei Andersen, Christ & Partner GbR im Falle einer elektronischen Ablage beachten?

11. Die Rechtsanwälte Dr. Miriam Kondert & Ulrike Reimers, Partnerschaft, beschäftigen die Rechtsanwaltsfachangestellte Inken Rost und die Auszubildende Daniela Kuhn, die sich bereits im zweiten Ausbildungsjahr befindet. Zum 01.09.2016 wird mit Vanessa Lindholm eine weitere Auszubildende eingestellt. Vanessa Lindholm erkundigt sich bei Daniela Kuhn, warum es so viele verschiedene Registratursysteme gibt, und möchte wissen, wann welches Registratursystem verwendet wird. Welche Antwort wird Daniela Kuhn der neuen Auszubildenden geben?

1.3 Vorschriften des Datenschutzes beachten

Schemata

Grundsätze des Datenschutzes →

- Datenvermeidung und Datensparsamkeit
- Zulässigkeit (Verbot mit Erlaubnisvorbehalt)
- Datensicherheit
- Zweckbindung
- Transparenz

Rechte des Betroffenen →

- Benachrichtigung
- Auskunft
- Berichtigung
- Löschung
- Sperrung
- Widerspruch
- Schadensersatz

Ausführlichere Informationen zu den in den Schemata zusammengefassten Themenbereichen „Vorschriften des Datenschutzes beachten" finden Sie im Lehrbuch: Lernfeld 2, Kapitel 2.6.

Fälle

1. Das Anwaltsnotariat Krasnorutskyi & Partner, Partnerschaftsgesellschaft, hat 13 Mitarbeiterinnen und Mitarbeiter. Von jeder Mitarbeiterin bzw. jedem Mitarbeiter werden zum Zweck der Lohnbuchhaltung Name, Anschrift, Geburtsdatum, Steuerklasse, Steuernummer, Eintrittsdatum, Höhe des Gehalts und Kontoinformationen mithilfe einer entsprechenden Software gespeichert. Die Angaben werden zu Arbeitsbeginn durch einen Fragebogen aufgenommen, den die Mitarbeiter ausfüllen. Die Lohnbuchhaltung wird ausschließlich von Dorit Dieckmann durchgeführt.

a) Um welche Art von Daten handelt es sich dabei? Ist die Speicherung zulässig?

b) Die Daten ausgeschiedener Mitarbeiterinnen und Mitarbeiter werden nach drei Monaten gelöscht. Welcher Grundsatz des Datenschutzes wird damit erfüllt?

c) Ist die Bestellung einer oder eines Datenschutzbeauftragten im Hinblick auf diese Datenverarbeitung erforderlich?

d) Die Kanzlei möchte für die Mitarbeiterinnen und Mitarbeiter eine Beratung zum Thema Altersvorsorge anbieten und dazu einen Mitarbeiter der Hausbank, Dr. Dirk Lattmann, einladen. Ist es zulässig, Dr. Dirk Lattmann die gespeicherten Informationen der Mitarbeiter zur Verfügung zu stellen, damit er sich auf das Gespräch vorbereiten kann?

2. Das Notariat Schlossplatz erhebt von allen Mandanten mithilfe eines Fragebogens die für die Durchführung des Mandats notwendigen Angaben wie Name, Anschrift, Kontaktdaten und Geburtsdatum. Für eine interne Statistik und zur besseren Betreuung der Mandanten werden in einer nur für den internen Gebrauch bestimmten Datenbank diese Angaben ergänzt durch die Höhe des Geschäftswerts, bevorzugte Zeiten für Termine und persönliche Vorlieben des Mandanten in Bezug auf Getränke. Welcher Grundsatz des Datenschutzes wird davon berührt und was besagt dieser?

3. Die Rechtsanwaltskanzlei Buerle & Brüggebusch GbR bietet auf ihrer Webseite die Anmeldung zu einem Newsletter an. Zu diesem Zweck werden online angegebene Daten der Interessenten in einer internen Datenbank gespeichert. Der Newsletter enthält die aktuelle Rechtsprechung, berichtet über neue Entwicklungen in der Kanzlei und weist auf von der Kanzlei angebotene Seminare und Vorträge hin.

a) Die Rechtsanwaltsfachangestellte Anita Tescher soll alle Mandanten über den bevorstehenden Umzug der Kanzlei in neue Büroräume informieren. Darf sie dazu die Daten aus der Newsletter-Datenbank verwenden?

b) Der Rechtsanwalt Oliver Manning ist aktives Mitglied eines Gospelchors, der in Kürze ein Benefizkonzert für Flüchtlinge plant. Er sendet den Termin über den Newsletter-Verteiler, um darauf aufmerksam zu machen. Ist dies zulässig? Wie könnten Betroffene ggf. dagegen vorgehen?

4. Die Rechtsanwalts- und Notarfachangestellte Silke Eckhoff sammelt Fehldrucke von Schreiben an Mandanten, Gerichten und Gegnern in einem Karton neben ihrem Schreibtisch und verwendet diese als Schmierpapier. Anschließend wirft sie die Papiere in den Papierkorb. Beurteilen Sie die Situation.

1.4 Konferenzen und Besprechungen managen

Schemata

Konferenzen und Besprechungen managen

Planung und Koordination

- verschiedene Möglichkeiten der Konferenz: Telefonkonferenz, Videokonferenz, persönliche Konferenz
- Eine Telefon- und Videokonferenz ist z. B. vorteilhaft, wenn lange Anreisewege erforderlich wären.
- Eine persönliche Konferenz ist z. B. vorteilhaft, wenn sich die Teilnehmer persönlich kennenlernen sollen oder wenn heikle Dinge zu besprechen sind.
- Vorgehensweise:
  - Terminplanung rechtzeitig im Voraus, z. B. über Microsoft Outlook oder Doodle
  - Termin festhalten und notieren
  - sobald die Teilnehmeranzahl bekannt ist, einen geeigneten Ort finden, der für alle gut erreichbar ist und der genügend Raum bietet
  - ggf. Übernachtungsmöglichkeiten anbieten
  - Bei Telefon-/Videokonferenzen ist die einzusetzende Technik zu klären.
  - Agenda (= Tagesordnung) erstellen, also Ablaufplan mit Zeit- und Themenangaben sowie Zeit und Ort der Konferenz
  - ggf. Pausen einplanen, mit eventuellem Snack o. Ä.
  - Agenda etwa zwei Wochen vor der Konferenz an die Teilnehmer versenden, damit diese informiert sind und sich Notizen machen können

Vorbereitung

- Vorgehensweise:
  - Die Themen sollen einen Zusammenhang bilden.
  - sich fragen, welche Ziele erreicht werden sollen
  - entscheiden, welche Unterlagen oder Sichthilfen eingesetzt werden sollen
  - Handout vorbereiten o. Ä.
  - Ablauf zeitlich klar strukturieren und Pausen einplanen
  - Überlegung, wie eventuelle Nichtteilnehmer über das Ergebnis informiert werden
  - Notizen machen, damit alle Punkte angesprochen werden
- Konferenzarten: Informations-, Problemlösungs-, Entscheidungs- und Konfliktkonferenz
- Der Einsatz von Hilfsmitteln (z. B. Handout in Papierform, Beamer, Flipchart) ist unerlässlich, sollte jedoch nicht überhandnehmen.

Konferenzen und Besprechungen managen

- **Durchführung**
  - Ablauf:
    - Begrüßung
    - Überblick über abzuhandelnde Punkte
    - Ansprechen jedes einzelnen Punkts
    - Ergebnis zusammenfassen
    - Verabschiedung
  - mögliche Probleme:
    - Unpünktlichkeit
    - technische Ausfälle
    - Teilnehmer sprechen durcheinander
    - Geräuschpegel bei Telefon-/Videokonferenzen
  - mögliche Methoden:
    - Brainstorming
    - Mindmapping
    - Pro-und-Kontra-Aufstellung
- **Ergebnisse aufzeichnen**
  - Möglichkeiten:
    - Der Konferenzleiter macht sich während der Konferenz handschriftliche Notizen.
    - digitale Aufzeichnung (z. B. durch ein Handdiktiergerät)
  - Erfassung des Protokolls nach der Konferenz am Computer
  - verschiedene Protokollarten:
    - Wortprotokoll
    - Verlaufsprotokoll/Gesprächsprotokoll
    - Kurzprotokoll
    - Ergebnisprotokoll
    - Gedächtnisprotokoll
  - Verteilung des Protokolls an die Teilnehmer, z. B. per E-Mail
  - Gegebenenfalls können weitere Dateien der E-Mail beigefügt werden, z. B. Videos, Teilnehmerlisten o. Ä.
- **Nachbereitung**
  - erforderlich, damit eventuelle Probleme in einer weiteren Konferenz vermieden werden können
  - zurückdenken und sich fragen, ob
    - die Vorbereitung ausreichend war,
    - der Ort der Anzahl der Teilnehmer angepasst war,
    - der Zeitpunkt gut gewählt war,
    - die angesetzte Zeit für die Tagesordnungspunkte ausreichend war,
    - es genügend Erholungspausen gab,
    - das Umfeld gestimmt hat u. a.

Ausführlichere Informationen zu den in den Schemata zusammengefassten Themenbereichen „Konferenzen und Besprechungen managen" finden Sie im Lehrbuch: Lernfeld 2, Kapitel 3.

Fälle

1. Die Rechtsanwaltskanzlei Eriksson, Bergner, Lammert & Kollegen GbR mit Sitz in 08056 Zwickau, Planitzer Straße 105, veranstaltet jedes Jahr im Frühjahr eine kanzleiinterne Weiterbildung zu wechselnden Themen. Da seit Beginn dieses Jahres umfassende Änderungen im Bereich der Prozesskostenhilfe/Verfahrenskostenhilfe gelten, bezieht sich das Thema der kanzleiinternen Weiterbildung auf dieses Themengebiet. An der Weiterbildung sollen alle Rechtsanwälte/Rechtsanwältinnen und Mitarbeiter/-innen teilnehmen.

a) Die Rechtsanwaltsfachangestellte Ella Ramirez hat den Auftrag von der Rechtsanwältin Ulrike Lammert erhalten, die kanzleiinterne Weiterbildung zu organisieren. Als Termin hat die Rechtsanwältin Ulrike Lammert Samstag, den 05.02.2017 (Beginn: 10:00 Uhr) vorgegeben. An diesem Tag können laut einer Terminumfrage alle Rechtsanwälte/Rechtsanwältinnen und Mitarbeiter/-innen. Was sollte Ella Ramirez unternehmen, damit alle Rechtsanwälte/Rechtsanwältinnen und Mitarbeiter/-innen über den Termin der kanzleiinternen Weiterbildung informiert werden?

b) Die kanzleiinterne Weiterbildung soll Holger Fronseck halten, ein erfahrener Rechtsfachwirt, der schon mehrmals die kanzleiinterne Weiterbildung durchgeführt hat. Die Rechtsanwaltsfachangestellte Ella Ramirez kontaktiert den Rechtsfachwirt Holger Fronseck und erfährt, dass er am 05.02.2017 Zeit hat. Ella Ramirez erhält einige Tage nach der Kontaktaufnahme folgende E-Mail:

> Sehr geehrte Frau Ramirez,
>
> für die kanzleiinterne Weiterbildung am Samstag, den 05.02.2017 plane ich folgenden Ablauf:
>
> - Beginn um 10:00 Uhr
> - Voraussetzungen der PKH/VKH (Dauer: 1 Stunde)
> - Antrag (Dauer: 1 Stunde)
> - Mittagspause von 12:00 Uhr–13:00 Uhr
> - Bewilligung (Dauer: 1 Stunde)
> - Beiordnung (Dauer: ½ Stunde)
> - kurze Pause (Dauer: ¼ Stunde)
> - Abrechnung (Dauer: 2 Stunden)
> - Ende um 16:45 Uhr
>
> Ich werde zur Weiterbildung meinen eigenen Laptop nebst Beamer mitbringen. Weitere Hilfsmittel benötige ich nicht.
>
> Freundliche Grüße
>
> Holger Fronseck

Welche Arbeitsschritte muss Ella Ramirez nun unternehmen?

c) Holger Fronseck benötigt ein Hotelzimmer, da er bereits einen Tag früher anreist. Die Kosten des Zimmers übernimmt vereinbarungsgemäß die Rechtsanwaltskanzlei Eriksson, Bergner, Lammert & Kollegen GbR. Wie geht Ella Ramirez in diesem Fall vor?

d) Da die Mittagspause eine Stunde dauert und die Weiterbildung sich bis in den späten Nachmittag hinziehen wird, hält die Rechtsanwaltsfachangestellte Ella Ramirez Rücksprache mit der Rechtsanwältin Ulrike Lammert bezüglich eines Snacks (belegte Brötchen, kalte Platten). Diese findet die Idee gut und bittet Ella Ramirez, das Erforderliche in die Wege zu leiten. Wie geht Ella Ramirez nun vor?

2. Mareike Löffler befindet sich im dritten Ausbildungsjahr zur Rechtsanwaltsfachangestellten. Sie erhält vom Rechtsanwalt Marius Bachert den Auftrag, den Termin für eine Konferenz festzulegen. Welche Fragen muss die Auszubildende hierfür klären?

3. Die Rechtsanwaltsfachangestellte Gina Schneider arbeitet in der Rechtsanwaltskanzlei Dr. Schneibel, Dr. Wittler & Weiermann GbR mit Sitz in München. Die Rechtsanwältin Dr. Renate Schneibel hat sich für eine Fortbildung im Verkehrsunfallrecht in Heilbronn angemeldet. Die Fortbildung findet am 02.12.2016 im Tagungszentrum „Heilbronner Arkaden" statt. Sie beginnt früh um 08:00 Uhr und endet abends um 18:00 Uhr.

a) Die Rechtsanwältin Dr. Renate Schneibel bittet Gina Schneider, ihr ein Hotelzimmer zu besorgen, da sie aufgrund der Anfahrtszeit von ca. drei Stunden bereits einen Tag früher, also am 01.12.2016, mit ihrem Pkw fahren will. Welche Kriterien sollte die Rechtsanwaltsfachangestellte von der Rechtsanwältin Dr. Renate Schneibel erfragen, damit sie nach einem Hotelzimmer suchen und ein solches reservieren kann?

b) Wie sollte die Rechtsanwaltsfachangestellte vorgehen, um ein Hotelzimmer mit den erfragten Kriterien zu finden?

c) Die Recherchen ergeben, dass es zwei Hotels in der Nähe des Tagungszentrums gibt (ca. 5–10 Minuten Fußweg Entfernung), die zum gewünschten Zeitraum noch ein Einzelzimmer mit den geforderten Kriterien zur Verfügung stellen können. Da erhält Gina Schneider von der Rechtsanwältin Dr. Renate Schneibel eine kanzleiinterne E-Mail:

> Hallo Frau Schneider,
>
> ich habe soeben mit einer Kollegin telefoniert, die ebenfalls an der Fortbildung in Heilbronn teilnimmt. Da wir uns schon lange nicht mehr gesehen haben, wollen wir uns nach der Fortbildung noch gemütlich in ein Restaurant setzen, um zu Abend zu essen.
>
> Ich benötige daher das Hotelzimmer für zwei Nächte, da ich nach dem Abendessen nicht mehr zurück nach München fahren will. Bitte kümmern Sie sich darum.
>
> Viele Grüße
>
> Dr. Renate Schneibel

Wie geht Gina Schneider nun vor?

d) Ein Hotel, das „Star Inn", bestätigt, dass das Hotelzimmer auch für zwei Nächte zur Verfügung stünde, sodass die Rechtsanwaltsfachangestellte das Zimmer reserviert. Das Hotel schickt ihr daraufhin eine Reservierungsbestätigung per E-Mail. Was sollte Gina Schneider nun weiter unternehmen?

4. Der Rechtsfachwirt Uwe Meißner erhält vom Rechtsanwalt Dr. Caspar von Eckert den Auftrag, die fünf neuen Auszubildenden zur/zum Rechtsanwaltsfachangestellten in einem Vortrag über den Aufbau der Kanzlei und den täglichen Kanzleiablauf zu informieren sowie die Aufgabengebiete der Auszubildenden zu erläutern. Wie sollte Uwe Meißner den Vortrag vorbereiten?

5. In der Rechtsanwaltssozietät Dr. Rickert, Marschhäuser & Kollegen AG finden täglich Konferenzen statt, an denen in der Regel zwischen vier und 15 Personen teilnehmen. Aufgrund dessen wurde der Rechtsanwaltsfachangestellten Kristin Weißenstein die Aufgabe zugeteilt, die in der Rechtsanwaltskanzlei stattfindenden Konferenzen zu managen. Wenn mehrere Konferenzen an einem Tag stattfinden, bittet die Rechtsanwaltsfachangestellte die Auszubildende Verena Maronn um ihre Mithilfe bei der Vorbereitung. Dabei erklärt Kristin Weißenstein der Auszubildenden, um welche Konferenzart es sich jeweils handelt. Beurteilen Sie die nachfolgenden Fälle dahingehend, welche Konferenzart vorliegt, und erklären Sie diese.
   a) Der Rechtsanwalt Dr. Leon Rickert wurde von Anna und Sven Steigerle im Nachbarschaftsstreit gegen Dorothea Hafner-Lutz mit der anwaltlichen Tätigkeit beauftragt. Die Parteien liegen bereits seit mehreren Jahren wegen der unterschiedlichsten Punkte im dauernden Streit. Um sich einen Überblick über die verfahrene nachbarschaftliche Situation zu verschaffen, lädt der Rechtsanwalt Dr. Leon Rickert die Parteien zu einer Konferenz ein.
   b) Die Rechtsanwältin Kathrin Marschhäuser lädt alle Mitarbeiter/-innen zu einem Meeting ein. Thema ist die Gestaltung des neuen Pausenraums. Die Rechtsanwältin Kathrin Marschhäuser möchte von den Mitarbeiterinnen und Mitarbeitern wissen, welche Vorstellungen sie bezüglich des neuen Pausenraums haben.
   c) In der letzten Zeit wurde der Postausgang häufiger nicht dahingehend überprüft, ob tatsächlich die erforderlichen Anlagen den Schreiben beilagen und ob die Schreiben unterzeichnet waren. Deshalb häuften sich die Beschwerden von Mandanten und Behörden. Die Rechtsanwältin Kathrin Marschhäuser möchte deshalb eine Konferenz durchführen, an der alle am Postausgang beteiligten Mitarbeiter/-innen teilnehmen. Nach der Erörterung möglicher Lösungswege, wie dieses Problem in Zukunft behoben bzw. umgangen werden kann, werden die verschiedenen Lösungswege im gemeinsamen Gespräch geprüft und bewertet und es wird festgelegt, wie der Postausgang zukünftig zu handhaben ist.

6. Die Rechtsanwaltsfachangestellte Liliane Mattusch organisiert für den Rechtsanwalt Dr. Dietrich Gemperlein eine Konferenz. Insgesamt nehmen neben dem Rechtsanwalt Dr. Dietrich Gemperlein fünf Personen an der Konferenz teil.
   a) Der Rechtsanwalt Dr. Dietrich Gemperlein führt die Teilnehmer durch die Konferenz. Wie sollte die Konferenz im Idealfall aufgebaut sein?
   b) Welche Methode steht dem Rechtsanwalt Dr. Dietrich Gemperlein beim Durcharbeiten der einzelnen Punkte zur Verfügung, um Daten festzuhalten, Informationen zu sammeln o. Ä.?
   c) Welche Probleme könnten während der Konferenz auftauchen, auf die der Rechtsanwalt Dr. Dietrich Gemperlein reagieren muss?
   d) Welche Probleme könnten beim Ablauf der Konferenz auftreten, wenn es sich im vorliegenden Fall nicht um eine persönliche Konferenz, sondern um eine Telefonkonferenz handeln würde? Wie sollte der Rechtsanwalt Dr. Dietrich Gemperlein darauf reagieren?

7. In der Rechtsanwaltskanzlei Thorsten Riegel & Josef Treutlein, Partnerschaft, findet am 21.01.2017 in der Zeit von 17:00 Uhr bis 18:30 Uhr ein Meeting statt, an dem beide Rechtsanwälte und alle drei Mitarbeiterinnen, nämlich die Rechtsfachwirtin Sabrina Pausewang und die beiden Rechtsanwaltsfachangestellten Christine Markewitsch und Barbara Noubakhsch teilnehmen. Durch das Meeting führt der Rechtsanwalt Thorsten Riegel. Auf der Agenda stehen drei zu besprechende Punkte:
   - Anschaffung eines neuen Multifunktionsgeräts
   - Neusortierung der Altablage im Lagerraum
   - Koordination von auswärtigen Terminen der Rechtsanwälte

   a) Während des Meetings macht sich die Rechtsfachwirtin Sabrina Pausewang Notizen, die später in einem Protokoll festgehalten werden sollen. Dabei reicht es aus, wenn Ergebnisse und ggf. die Aufträge festgehalten werden. Welches Protokoll wird Sabrina Pausewang anfertigen?
   b) Im Meeting wird zu den drei zu besprechenden Punkten Folgendes beschlossen:
      - Anschaffung eines neuen Multifunktionsgeräts: Da das alte Multifunktionsgerät immer öfter nicht funktionstüchtig ist und repariert werden muss, soll ein neues Gerät angeschafft werden. Dieses soll einen automatischen Einzug haben und auch farbige Kopien/Ausdrucke ermöglichen. Christine Markewitsch soll binnen drei Wochen Angebote einholen, eine Übersicht über mögliche Geräte erstellen und diese den Rechtsanwälten und allen Mitarbeiterinnen übermitteln.
      - Neusortierung der Altablage im Lagerraum: Da seit Jahren keine Akten mehr aus der Altablage der Vernichtung zugeführt wurden und der Lagerraum keinen Platz mehr für neue abgelegte Akten, alte Steuerunterlagen u. a. bietet, soll die Altablage dahingehend neu sortiert werden, dass die Akten, deren Aufbewahrungsfrist abgelaufen ist, der Vernichtung zugeführt werden, ebenso wie alte Steuerunterlagen u. a. Sabrina Pausewang soll binnen zwei Wochen Angebote über speziell geeignete Firmen einholen, die die Aktenvernichtung professionell betreiben, und diese Angebote den beiden Rechtsanwälten zukommen lassen. Weiterhin soll sie binnen acht Wochen die Altablage neu sortieren.
      - Koordination von auswärtigen Terminen der Rechtsanwälte: Damit es zu keinen Überschneidungen bei der Koordination von auswärtigen Terminen der beiden Rechtsanwälte mehr kommt, ist ab sofort Barbara Noubakhsch allein mit der Koordination befasst.

      Diese handschriftlichen Notizen setzt Sabrina Pausewang nach dem Meeting in das Protokoll ein. Wie könnte dieses Protokoll aussehen?

   c) Welche Arbeitsschritte sollte die Rechtsfachwirtin nach der Erstellung des Protokolls unternehmen?

8. Die Rechtsanwältin Dr. Nora Thiessen vertritt Sarah Debes in einer Nachlasssache. Die Erbengemeinschaft mit Ingelore Bach soll auseinandergesetzt werden. Um die Angelegenheit voranzubringen, hat die Rechtsanwältin Dr. Nora Thiessen neben Sarah Debes die Gegenpartei Ingelore Bach mit ihrem Rechtsanwalt Dr. Georg Vollmuth zu einer Konferenz geladen.
   a) Was in der Konferenz besprochen wurde, soll äußerst genau festgehalten werden, damit es später nicht wieder zu verschiedenen Auslegungen der Äußerungen der Teilnehmer kommt. Welche Protokollart sollte die Rechtsanwältin Dr. Nora Thiessen als Konferenzleiterin deshalb auswählen?

b) Damit die genauen Äußerungen der Teilnehmer festgehalten werden können, wählt die Rechtsanwältin Dr. Nora Thiessen die digitale Aufzeichnung der Konferenz durch das Mitlaufen eines Handdiktiergeräts. Worauf muss die Rechtsanwältin Dr. Nora Thiessen achten, bevor sie das Handdiktiergerät einsetzen kann?

9. Der Rechtsanwalts- und Notarfachangestellte Jens Stiebel hat zum ersten Mal eine Konferenz in den Räumen der Rechtsanwaltskanzlei Magnusson, Gelder & Richter GbR organisiert. An der Konferenz nahmen insgesamt zehn Mitglieder der Wohnungseigentümergemeinschaft Neuer Wall 5 in Düsseldorf teil sowie der Rechtsanwalt Martin Magnusson. Da für die Konferenz eine Dauer von fünf Stunden geplant gewesen war, organisierte er in der Pause Getränke und Gebäck. Zudem stellte er den Flipchart bereit, da der Rechtsanwalt Martin Magnusson ihn darum gebeten hatte, und erstellte Kopien der zehn Handwerkerrechnungen für die WEG-Mitglieder. Während der Konferenz traten folgende Probleme auf:

- Das Gebäck reichte nicht aus.
- Es war nicht mehr genügend Papier für den Flipchart vorhanden.
- Das Kopiergerät, das einen automatischen Einzug hat, kopierte eine Handwerkerrechnung nicht, wohl deshalb, weil zwei Seiten auf einmal eingezogen wurden.

Wie könnte Jens Stiebel die aufgetretenen Probleme zukünftig vermeiden?

1.5 Fristen und Termine überwachen

Schemata

Fristen überwachen

→ Fristen berechnen

- Ereignisfrist: Für den Beginn der Frist ist ein Ereignis entscheidend; der Tag der Fälligkeit wird bei der Berechnung der Frist nicht mitgerechnet (§ 187 Abs. 1 BGB).
- Verlaufsfrist: Der Beginn eines Tags ist entscheidend; der Tag wird mitgerechnet (§ 187 Abs. 2 S. 1 BGB).
- Die Fristenberechnung hängt davon ab, für welchen Zeitraum sie festgelegt wurde:
  - Tagesfrist: endet am letzten Tag der Frist (§ 188 Abs. 1 BGB)
  - Wochenfrist: endet am gleichen Wochentag (§ 188 Abs. 2 BGB)
  - Monatsfrist: endet am Tag mit derselben Zahl (§ 188 Abs. 2 BGB); nicht gleichzusetzen mit vier Wochen; falls es den berechneten Tag in dem Monat nicht gibt, endet die Frist mit dem Ablauf des letzten Tags dieses Monats (§ 188 Abs. 3 BGB).
  - Jahresfrist: endet am letzten Tag des entsprechenden Jahres
- Fällt das Ende der Frist auf einen Samstag, Sonntag oder Feiertag, endet die Frist am darauffolgenden Werktag (§ 193 BGB).
- besondere Sorgfalt erforderlich
- ggf. Rücksprache mit dem zuständigen Rechtsanwalt bzw. der zuständigen Rechtsanwältin, wenn nicht erkennbar ist, um welche Frist es sich handelt

→ Fristen notieren

- Führung eines Fristenkalenders durch eine explizit beauftragte Sachbearbeiterin bzw. einen Sachbearbeiter
- Ein EDV-gestützter Fristenkalender ist grundsätzlich möglich, jedoch müssen eventuelle EDV-Störungen eingeplant werden, sodass es sich empfiehlt, parallel zu fahren oder einen Papierkalender zu verwenden.
- Nach dem Notieren der Frist ist dies auf dem entsprechenden Schriftstück o. Ä. sowie auf dem Handaktenbogen durch die Sachbearbeiterin bzw. den Sachbearbeiter mit dem entsprechenden Handzeichen zu vermerken.
- Fristen müssen sich von Wiedervorlagen erkennbar abheben, z. B. durch farbliche Hervorhebung.
- Es empfiehlt sich, eine Vorfrist (z. B. eine Woche) zu notieren, damit noch genügend Zeit zur Bearbeitung der Akte verbleibt.
- besondere Sorgfalt erforderlich

Fristen überwachen

- **Fristen verlängern lassen (Antrag auf Fristverlängerung)**
  - Sollte eine Frist nicht eingehalten werden können (z. B. weil Unterlagen von Mandanten fehlen, aufgrund Krankheit des/der Rechtsanwalts/Rechtsanwältin), muss so rechtzeitig wie möglich ein Antrag auf Fristverlängerung gestellt werden.
  - Im Antrag sind der Grund zu nennen sowie ein Datum, binnen dessen das Schriftstück eingereicht werden wird.
  - überprüfen, ob die Frist antragsgemäß verlängert wurde (ggf. telefonisch nachfragen), erst dann die verlängerte Frist im Fristenkalender notieren
- **Fristen überwachen**
  - rechtzeitige Vorlage (z. B. am Tag der Vorfrist) an den zuständigen Rechtsanwalt bzw. die zuständige Rechtsanwältin, sodass noch ausreichend Zeit für die Bearbeitung bleibt
  - dem Rechtsanwalt/der Rechtsanwältin jeden Morgen eine Übersicht über die Fristen und Vorfristen des Tages und/oder der Woche aushändigen
  - früh und abends im Fristenkalender nachsehen, ob tatsächlich alle Fristen erledigt wurden
  - ggf. Rücksprache mit dem/der Rechtsanwalt/Rechtsanwältin nehmen, wie mit noch nicht erledigtem Fristablauf umzugehen ist
- **Fristen streichen**
  - Nach Erledigung der Frist ist diese zu streichen.
  - „Erledigt“ bedeutet, dass das Schriftstück an das zuständige Gericht versandt wurde (z. B. „vorab per Telefax“); hierzu ist es erforderlich, dass nochmals die Anschrift und die zugehörige Telefaxnummer überprüft werden.
  - Trotz Streichung der Frist sollte diese noch lesbar sein.
  - Der/die Sachbearbeiter/-in, der/die die Frist streicht, sollte sein/ihr Handzeichen hinzusetzen.
  - besondere Sorgfalt erforderlich

Termine überwachen

- Termine vereinbaren
  - genügend Zeit einplanen (ggf. eventuelle Fahrtzeiten berücksichtigen)
  - Sofern nicht abzuschätzen ist, wie lange der Termin voraussichtlich dauert, sollte zusätzlich ein „Puffer" eingeplant werden.
  - nach Möglichkeit den Termin so einplanen, dass der/die Rechtsanwalt/Rechtsanwältin noch genügend Zeit hat, die tägliche Arbeit zu bewältigen, also am besten gleich früh oder ab dem (späten) Nachmittag
- Termine notieren/streichen
  - im Kalender des Sachbearbeiters bzw. der Sachbearbeiterin notieren
  - zusätzlich im Kalender beim Empfang notieren
  - ggf. den Termin zusätzlich auf Planungstafeln oder in Microsoft Outlook o. Ä. notieren
  - Sollte sich ein notierter Termin verschieben oder durch Absage erledigen, ist dieser zu streichen, am besten mit einem Hinweis warum und dem Handzeichen des Sachbearbeiters bzw. der Sachbearbeiterin.
- Termine verlegen (Terminverlegungsantrag)
  - Sollte ein Termin verlegt werden müssen (z. B. bei Termindopplung, krankheitsbedingtem Ausfall), ist dies unverzüglich vorzunehmen, damit die betroffenen Personen planen können.
  - Gerichtstermine haben immer Vorrang, d. h., in diesem Fall muss der Termin mit dem Mandanten verlegt werden.
  - Sollte es eine Dopplung von Gerichtsterminen geben, hat in der Regel der Termin Bestand, der schon seit längerer Zeit feststeht.
  - Sollte ein Gerichtstermin verlegt werden müssen, ist ein schriftlicher Antrag auf Terminverlegung zu stellen.
- Termine überwachen
  - den/die Sachbearbeiter/-in früh über die anstehenden Termine informieren
  - Falls ein/-e Mandant/-in nicht kommt, sollte diese/-r kontaktiert werden, ob sich der Termin erledigt hat oder ob ein neuer Termin vereinbart werden soll.

Ausführlichere Informationen zu den in den Schemata zusammengefassten Themenbereichen „Fristen und Termine überwachen" finden Sie im Lehrbuch:

- Lernfeld 4, Kapitel 2.2.2 (Fristen überwachen)
- Lernfeld 2, Kapitel 2.7.2 (Termine überwachen)

Fälle

1. In der Rechtsanwaltskanzlei Michael Bublak & Claudine Piqué GbR ist die Rechtsfachwirtin Marie Dietzsch die Fristensachbearbeiterin. Beurteilen Sie die nachfolgenden Fälle dahingehend, um welche Frist es sich handelt und wann diese abläuft.
   a) Die Rechtsfachwirtin Marie Dietzsch öffnet am Montag, den 07.12.2016 die Post. Darin befindet sich ein Schreiben der Familienkasse in der Angelegenheit Silke Schorf wegen Gewährung von Kindergeld. Die Familienkasse benötigt zur Bearbeitung der Angelegenheit noch den Ausbildungsvertrag des Kinds Carina Schorf. Es wird um Erledigung binnen zehn Tagen gebeten.
   b) Die Rechtsanwaltskanzlei Michael Bublak & Claudine Piqué GbR stellt mit Sabine Schneider zum 01.08.2017 eine neue Auszubildende zur Rechtsanwaltsfachangestellten ein. Es wird eine Probezeit von lediglich zwei Monaten vereinbart, da Sabine Schneider bereits ein längeres Praktikum in der Rechtsanwaltskanzlei geleistet hat.
   c) In der Sache Bernd Sauerland ./. Bertha Reichhart wegen rückständiger Miete legt der Mandant Bernd Sauerland den Mietvertrag vor. Die Rechtsfachwirtin Marie Dietzsch sieht bei der Durchsicht des Vertrags, dass es sich um ein auf fünf Jahre befristetes Mietverhältnis handelt, das am 15.01.2013 begann.
   d) In der Angelegenheit Johanna Martinsson ./. 123 Mobilfunk GmbH wegen Forderung übergibt die Mandantin Johanna Martinsson am Dienstag, den 12.01.2017 der Rechtsfachwirtin Marie Dietzsch ein Schreiben der 123 Mobilfunk GmbH vom 30.12.2016. Johanna Martinsson hat dieses Schreiben am Montag, den 04.01.2017 erhalten. In dem Schreiben fordert die 123 Mobilfunk GmbH den Ausgleich einer angeblich rückständigen Forderung in Höhe von 316,15 €. Die 123 Mobilfunk GmbH setzt eine Drei-Wochen-Frist zur Begleichung bzw. kann innerhalb dieser Frist durch Vorlage von Kontoauszügen auch nachgewiesen werden, ob/dass die Forderung bereits beglichen wurde.
   e) Am Dienstag, den 19.01.2017 geht in der Rechtsanwaltskanzlei Michael Bublak & Claudine Piqué GbR ein Telefaxschreiben ein. Der gegnerische Rechtsanwalt fordert auf, binnen eines Monats die notwendigen Unterlagen (u. a. Rechnungen, Kontoauszüge der letzten drei Jahre) zu übermitteln.

2. Die Rechtsanwaltsfachangestellte Lisa Dornhagen ist für die Führung des Termin- und Fristenkalenders in der Rechtsanwaltskanzlei Marianne Lindt zuständig. Im Posteingang befindet sich ein Schreiben des gegnerischen Rechtsanwalts, der eine Frist von zwölf Tagen zur Stellungnahme setzt. Diese Frist würde sodann an einem Samstag ablaufen. Was muss die Rechtsanwaltsfachangestellte Lisa Dornhagen beim Eintragen der Frist in den Fristenkalender und auf dem Handaktenbogen beachten?

3. In der Angelegenheit Katharina Fischer ./. Stadt Frankfurt am Main wegen Festsetzung der Zweitwohnungssteuer läuft die Frist am Donnerstag, den 26.11.2016 ab. Da noch Unterlagen von der Mandantin Katharina Fischer fehlen, die diese erst nach der Rückkehr aus ihrem Urlaub am 30.11.2016 in die Kanzlei bringen kann, muss die Frist zur Stellungnahme auf das Schreiben der Stadt Frankfurt am Main vom 14.11.2016 um zwei Wochen verlängert werden.
   a) Bevor die Rechtsanwaltsfachangestellte Paula Rieksch den Antrag auf Fristverlängerung vorbereitet, errechnet sie die neue Frist. Wann würde die neue Frist ablaufen?

b) Paula Rieksch soll den Antrag auf Fristverlängerung vorbereiten. Wie könnte dieser Antrag formuliert werden?
c) Welche Arbeitsschritte muss die Rechtsanwaltsfachangestellte nach der Versendung des Antrags auf Fristverlängerung unternehmen?
d) Ist Paula Rieksch verpflichtet, eine Vorfrist im Fristenkalender und auf dem Handaktenbogen einzutragen?

4. In der Rechtsanwaltskanzlei Schottky, Lingner & Kollegen GbR ist der Rechtsanwaltsfachangestellte Robin Stroh-Meusert mit der Führung des Fristenkalenders betraut. Dieser soll in der Angelegenheit Helene Remelé ./. Bundesagentur für Arbeit wegen Rückzahlung von Arbeitslosengeld eine Drei-Wochen-Frist notieren. Eine Woche vor Ablauf der Frist soll eine Vorfrist eingetragen werden. Das Schreiben der Bundesagentur für Arbeit, zu dem Stellung genommen werden soll, ist am Dienstag, den 18.11.2016 in der Rechtsanwaltskanzlei eingegangen.
a) Um die Drei-Wochen-Frist richtig berechnen zu können, muss der Rechtsanwaltsfachangestellte Robin Stroh-Meusert zunächst beurteilen, um welche Art von Frist es sich handelt. Beurteilen Sie die Sachlage.
b) Welche Frist und Vorfrist errechnet Robin Stroh-Meusert im vorliegenden Fall?
c) Worauf muss der Rechtsanwaltsfachangestellte beim Notieren der (Vor-)Frist im Kalender achten?
d) Robin Stroh-Meusert erstellt für seine Vertreterin, die Rechtsanwaltsfachangestellte Inken Markgraf, einen Prozessablaufplan „(Vor-)Fristen ermitteln und notieren“. Wie könnte er diesen Ablaufplan grafisch darstellen?

5. Am 12.12.2016, einem Freitag, überprüft der Rechtsfachwirt Jonas Berger gleich früh am Morgen den Fristenkalender. Hierin sind folgende (Vor-)Fristen notiert:
- Rieke Mattusch ./. Maik Pettersen wegen Darlehensforderung (Vorfrist)
- Inge Kistner ./. Strom & Gas Meisels GmbH wegen Forderung (Frist)
- Sanitär Klöpfel e. K. ./. Sandra Rothenbucher wegen Forderung (Vorfrist)

Für alle drei Angelegenheiten ist der Rechtsanwalt Dr. Emil Kleinschrod der zuständige Sachbearbeiter.
a) Welche Arbeitsschritte sollte der Rechtsfachwirt Jonas Berger vornehmen?
b) Der Rechtsanwalt Dr. Emil Kleinschrod diktiert zunächst das Schreiben in der Angelegenheit Inge Kistner ./. Strom & Gas Meisels GmbH wegen Forderung an den gegnerischen Rechtsanwalt und übergibt die Akte anschließend der Rechtsanwaltsfachangestellten Caroline Rimbacher mit dem Hinweis, dass das Schreiben eilt und nach dem Erstellen vorab per Telefax übersandt werden muss. Die Anweisungen des Rechtsanwalts Dr. Emil Kleinschrod werden umgehend umgesetzt. Kann der Fristensachbearbeiter Jonas Berger die Frist anschließend streichen?

6. Die Rechtsanwaltsfachangestellte Nina Hohenstedt ist in der Rechtsanwaltskanzlei Dr. Scharkowski & Fritzsch GbR die Fristenbeauftragte.
a) Was sollte Nina Hohenstedt jeden Abend überprüfen?
b) Am Donnerstag, den 30.11.2016 stellt die Rechtsanwaltsfachangestellte fest, dass in der Angelegenheit Christel Parusell ./. Deutsche Rentenversicherung die Frist noch nicht gestrichen wurde. Die zuständige Sachbearbeiterin ist die Rechtsanwältin Carola Fritzsch. Wie sollte Nina Hohenstedt in diesem Fall vorgehen?
c) Die Rechtsanwältin Carola Fritzsch teilt der Rechtsanwaltsfachangestellten mit, dass sie selbst das Schreiben noch erstellen und per Telefax versenden wird. Welche Arbeitsschritte sollte Nina Hohenstedt in diesem Fall unternehmen?

7. In der Rechtsanwaltskanzlei Ringelmeyer, Poch & Lengaard GbR mit Sitz in Bamberg ist die Rechtsanwaltsfachangestellte Mia Hartmann, die am Empfang der Rechtsanwaltskanzlei arbeitet, mit der Führung des Terminkalenders betraut. Beurteilen Sie, wie Mia Hartmann in den folgenden Fällen vorgehen sollte. Zu berücksichtigen sind folgende Bürozeiten, die auch die Rechtsanwälte einhalten: Montag–Freitag 08:00–12:00 Uhr und 13:00 Uhr–18:00 Uhr.
   a) Dr. Marion Utrecht-Dösch ruft an und möchte am 16.01.2017 einen Termin beim Rechtsanwalt Paul Ringelmeyer. Die Rechtsanwaltsfachangestellte Mia Hartmann stellt nach einem Blick in den Terminkalender fest, dass der Rechtsanwalt Paul Ringelmeyer an diesem Tag bereits um 09:00 Uhr und 13:30 Uhr Mandantentermine wahrnehmen muss. Diese Termine werden voraussichtlich jeweils 60 Minuten dauern. Wie geht Mia Hartmann bei der Terminvereinbarung vor?
   b) Korbinian Bauer bringt Unterlagen in die Kanzlei. Gleichzeitig bittet er um einen Termin beim Rechtsanwalt Anton Poch am 08.01.2017, möglichst gleich frühmorgens. Die Rechtsanwaltsfachangestellte sieht in den Kalender. An diesem Tag ist bislang noch kein Termin eingetragen. Welchen Termin wird Mia Hartmann dem Mandanten vorschlagen?
   c) Der Rechtsanwalt Hugo Lengaard bittet die Rechtsanwaltsfachangestellte, einen Termin mit dem Mandanten Robert McHurt am 10.01.2017 zu vereinbaren, um das weitere Vorgehen in dieser Angelegenheit zu besprechen. Er denkt, dass die Besprechung mindestens eine Stunde dauern wird. Nach einem Blick in den Kalender stellt Mia Hartmann fest, dass der Rechtsanwalt Hugo Lengaard am 10.01.2017 um 09:00 Uhr bereits einen Gerichtstermin in Bamberg wahrnehmen muss, der voraussichtlich zwei Stunden dauern wird. Wie geht Mia Hartmann bei der Terminvereinbarung vor?
   d) In dem Rechtsstreit Dany Kubitschek ./. Liliane Weid hat das Landgericht Bamberg einen Termin zur mündlichen Verhandlung bestimmt auf den 20.01.2017 um 14:00 Uhr im Raum 123. Sachbearbeiter der Akte ist Paul Ringelmeyer. Das Landgericht Bamberg teilt nun mit Schreiben vom 02.01.2017 mit, dass der Termin aufgehoben wurde und ein neuer Termin von Amts wegen zu einem späteren Zeitpunkt anberaumt wird. Was unternimmt Mia Hartmann bezüglich der Terminaufhebung?

8. Der Rechtsanwalts- und Notarfachangestellte Roman Tepez stellt bei der Eintragung eines Gerichtstermins am 21.01.2017 um 09:00 Uhr fest, dass um 09:30 Uhr bereits ein Mandantentermin mit Susanne Wittkowski im Kalender steht. Der Gerichtstermin wird voraussichtlich 45 Minuten dauern. Was sollte Roman Tepez in diesem Fall unternehmen?

9. Jan Kosiczek ruft in der Rechtsanwaltskanzlei Frenzel & Weeth, Partnerschaft, an. Er hat bereits vor einer Woche beim Rechtsanwalt Martin Frenzel einen Termin für den 03.02.2017 vereinbart. Da sich die Angelegenheit, in der er anwaltlichen Rat einholen wollte, zwischenzeitlich geklärt hat, sagt er den vereinbarten Termin ab. Wie geht die Rechtsanwaltsfachangestellte Vera Breitenbach nun vor?

10. Bei der Bearbeitung des Posteingangs stellt die Rechtsanwaltsfachangestellte Sarah Heuberger fest, dass ein Gerichtstermin einzutragen ist. Hierbei handelt es sich um folgenden Termin: Amtsgericht Bamberg, 08.01.2017, 15:00 Uhr, Raum 336. Sie holt sich den Kalender und will den Termin gleich eintragen, stellt aber fest, dass an diesem Tag um 13:30 Uhr bereits ein Gerichtstermin in Bayreuth stattfindet. Allein die Fahrtzeit dauert eine Stunde.
    a) Was muss die Rechtsanwaltsfachangestellte in diesem Fall unternehmen?
    b) Wie könnte Sarah Heuberger den Arbeitsablauf bezüglich eines zu verlegenden Gerichtstermins aufgrund einer Terminkollision grafisch mithilfe eines Prozessablaufplans darstellen?

11. Der Rechtsanwaltsfachangestellte Nino Calvit blickt früh nach Arbeitsbeginn zuerst in den Kalender und stellt fest, dass die Rechtsanwältin Dr. Melissa Seubert heute insgesamt vier Termine hat, wie folgt:

- 10:00 Uhr: Mandantentermin mit Udo Meier
- 11:00 Uhr: Mandantentermin mit Linda Hespelein
- 13:30 Uhr: Gerichtstermin in Sachen Linda Hespelein ./. Regine Wallner
- 16:30 Uhr: Mandantentermin mit Bertha Landwehr

a) Welche Arbeitsschritte sollte Nino Calvit unternehmen, sobald die Rechtsanwältin Dr. Melissa Seubert in die Kanzlei kommt?

b) Die Mandantin Bertha Landwehr erscheint nicht zum Termin um 16:30 Uhr. Wie sollte der Rechtsanwaltsfachangestellte in diesem Fall vorgehen?

1.6 Mandanten oder Beteiligte serviceorientiert empfangen und betreuen

Schema

Mandanten/Beteiligte empfangen und betreuen

- **Mandanten/Beteiligte empfangen**
  - Empfang an die räumlichen Gegebenheiten anpassen
  - zur Begrüßung um den Schreibtisch o. Ä. herumgehen
  - Blickkontakt aufnehmen
  - freundliches und „lächelndes" Gesicht bei der Begrüßung, am besten mit dem Namen begrüßen, sofern möglich
  - auf Körperhaltung und gepflegtes Äußeres achten
  - Betritt ein Ehepaar die Kanzleiräume, sollte die Dame vor dem Herrn begrüßt werden.
  - Betreten zwei Herren oder zwei Damen die Kanzleiräume, so ist zunächst der/die Ältere bzw. derjenige/diejenige, der/die das Mandat erteilt hat, zu begrüßen.
  - niemals demTelefon Vorrang geben, wenn der Mandant/Beteiligte schon wartet
  - auf eine klare und deutliche Aussprache sowie auf die Lautstärke der Stimme achten
  - Small Talk führen
  - Jacken, Regenschirme o. Ä. abnehmen und aufhängen bzw. ablegen
  - einen Platz anbieten, falls es noch etwas dauert, und den Grund der Wartezeit nennen
  - ggf. Getränke anbieten und auf ausliegende Flyer, Zeitschriften o. Ä. hinweisen
  - ggf. Mandantenfragebogen übergeben und bitten, diesen auszufüllen
  - den zuständigen Rechtsanwalt bzw. die zuständige Rechtsanwältin informieren bzw. einen Aktenvermerk anfertigen, falls Mandanten/Beteiligte Unterlagen vorbeibringen o. Ä.
- **Mandanten/Beteiligte betreuen**
  - Telefonate führen:
    - auf eine klare und deutliche Aussprache sowie auf die Lautstärke der Stimme achten
    - auf eine freundliche und „lächelnde" Stimme achten
    - nach einem Gesprächsplan vorgehen, d. h. verschiedene Daten erfragen, z. B. Vor-/Nachname, Telefonnummer, Sachverhalt
    - auf fachspezifische Abkürzungen verzichten
    - nach Möglichkeit um die Anliegen/Wünsche selbst kümmern, andernfalls das Gespräch mit dem zuständigen Rechtsanwalt bzw. der zuständigen Rechtsanwältin verbinden
    - parallele Arbeiten neben dem Telefonat vermeiden
    - störende Hintergrundgeräusche vermeiden
    - während eines Telefonats Störungen vermeiden
    - ggf. Telefonnotiz anfertigen und dem zuständigen Rechtsanwalt bzw. der zuständigen Rechtsanwältin vorlegen
  - Schreiben erstellen:
    - Mandanten/Beteiligte über den aktuellen Sachstand informieren, dabei auf das Wesentliche konzentrieren
    - auf fachspezifische Abkürzungen verzichten
    - Rechtschreib- und Grammatikregeln sowie die Regeln der DIN 5008 beachten

Ausführlichere Informationen zu dem in dem Schema zusammengefassten Themenbereich „Mandanten oder Beteiligte serviceorientiert empfangen und betreuen" finden Sie im Lehrbuch:

- Lernfeld 1, Kapitel 9.4 (Mandantenorientierte Kommunikation)
- Lernfeld 3, Kapitel 6 (Regeln der DIN 5008)

Fälle

1. In der Rechtsanwaltskanzlei Dr. Liebig, Wenthaus & Kollegen GbR ist die Auszubildende Mia Brencke für den Empfang der Mandanten/Beteiligten zuständig. Beurteilen Sie die folgenden Fälle.

a) Die Rechtsanwältin Dr. Christiane Liebig hat am 13.12.2016 um 15:00 Uhr einen Besprechungstermin mit dem Mandanten Ulrich Wegscheid. Dieser ist bereits um 14:30 Uhr in der Kanzlei. Die Rechtsanwältin Dr. Christiane Liebig wird jedoch erst um ca. 14:50 Uhr von einem auswärtigen Termin zurück sein, wie sie telefonisch angekündigt hat. Wie sollte sich die Auszubildende in diesem Fall verhalten, nachdem sie dem Mandanten die Tür geöffnet und ihn begrüßt hat?

b) Das Ehepaar Daniel und Simone Diethard wird vom Rechtsanwalt Moritz Wenthaus anwaltlich betreut. Durch die Türsprechanlage erfragt Mia Brencke den Namen des Ehepaars Diethard und öffnet die Tür. Das Ehepaar Diethard kommt ohne Termin in die Kanzlei, um Unterlagen für den Rechtsanwalt Moritz Wenthaus zu übergeben, die dieser vom Ehepaar Diethard angefordert hat. Bei den zu übergebenden Unterlagen handelt es sich um Kopien. Wie sollte sich die Auszubildende in diesem Fall verhalten?

2. Die Rechtsanwaltsfachangestellte Kübra Kaya sitzt am Empfang in der Rechtsanwaltskanzlei Richert, Yilmaz & Sagert GbR. Die Rechtsanwaltskanzlei hat ihre Räume im Erdgeschoss, sodass die Mandanten direkt die Kanzleiräume betreten können und vor einem Empfangstresen stehen, hinter dem Kübra Kaya sitzt. Am 23.01.2017 betritt Gunther Felbinger die Rechtsanwaltskanzlei Richert, Yilmaz & Sagert GbR. Die Rechtsanwaltsfachangestellte telefoniert gerade. Als sie das Gespräch beendet und den Telefonhörer auflegt, klingelt es wieder. Beurteilen Sie die Situation.

3. Die Rechtsanwältin Marion Trixner vertritt seit vielen Jahren David Reißer in diversen Angelegenheiten. In der derzeit aktuellen Angelegenheit vertritt sie neben David Reißer auch dessen Schwester Lena Brucks. Es geht um die Geltendmachung von Ansprüchen aus einem Verkehrsunfall. Da bei der Bearbeitung der Angelegenheit noch mehrere Fragen zu beantworten sind, hat die Rechtsanwältin Marion Trixner die Geschwister zu einem Termin am 01.02.2017 in die Kanzleiräume gebeten. Der Rechtsanwaltsfachangestellte Sven Groppinger empfängt die Geschwister an der Tür. Worauf muss er bei der Begrüßung achten?

4. Die Rechtsanwalts- und Notarfachangestellte Sybille Lengfurt ist seit zwei Tagen in der Rechtsanwaltskanzlei Caroline Burkert & Nadine Ketteler, Partnerschaft, beschäftigt. An ihrem dritten Arbeitstag wird sie von der Rechtsfachwirtin Heike Rettner-Koch in den Empfang von Mandanten und/oder Beteiligten eingewiesen.

a) Bei der Einweisung erklärt Heike Rettner-Koch, dass es in der Rechtsanwaltskanzlei Caroline Burkert & Nadine Ketteler, Partnerschaft, üblich ist, Small Talk mit den Mandanten und/oder Beteiligten zu führen. Beurteilen Sie, warum die Kanzleiinhaberinnen wohl darauf Wert legen, dass das Empfangspersonal Small Talk mit den Mandanten und/oder Beteiligten führt.

b) Wie könnte das Empfangspersonal der Rechtsanwaltskanzlei Caroline Burkert & Nadine Ketteler, Partnerschaft, Small Talk mit Mandanten/Beteiligten führen? Nennen Sie zwei Beispiele.

c) Welche Themen sollte die Rechtsanwalts- und Notarfachangestellte Sybille Lengfurt beim Small Talk vermeiden?

5. Im Terminkalender der Rechtsanwältin Anita Hainlein ist am 12.12.2016 um 10:00 Uhr ein Besprechungstermin mit einem neuen Mandanten eingetragen. Markus Raschberger möchte sich von der Rechtsanwältin Anita Hainlein in einer erbrechtlichen Angelegenheit anwaltlich beraten lassen.
   a) Als es um 09:45 Uhr an der Tür klingelt, geht der Rechtsanwaltsfachangestellte Benedikt Schuhmann zur Tür und öffnet diese. Was sollte Benedikt Schuhmann bei der Begrüßung des Mandanten beachten?
   b) Da es sich bei Markus Raschberger um einen neuen Mandanten handelt, soll dieser den Mandantenfragebogen ausfüllen. In der Rechtsanwaltskanzlei Anita Hainlein ist es üblich, dass dieser Fragebogen bereits im Wartebereich von den Mandanten ausgefüllt wird. Wie sollte Benedikt Schuhmann vorgehen, nachdem er Markus Raschberger begrüßt hat?

6. Die Rechtsanwaltsfachangestellte Leonie Rückert ist in der Rechtsanwaltskanzlei Moser, Hartl & Kollegen GbR beschäftigt. Zu ihrem Aufgabengebiet gehört die Betreuung von Mandanten/Beteiligten und damit auch das Führen und Entgegennehmen von Telefonaten sowie die Terminvereinbarung für die Rechtsanwältinnen und Rechtsanwälte der Kanzlei. Beurteilen Sie die nachfolgenden Fälle.
   a) Am 10.01.2017 ruft Nina Gartner in der Rechtsanwaltskanzlei Moser, Hartl & Kollegen GbR an. Sie möchte mit dem Rechtsanwalt Andreas Moser sprechen, der derzeit jedoch einen Gerichtstermin wahrnimmt. Auf Nachfrage von Leonie Rückert, worum es denn gehe, antwortet Nina Gartner, dass sie einen Termin brauche. Sie ärgert sich seit Wochen mit der Bundesagentur für Arbeit herum. Es geht um die Festsetzung von Kindergeld für ihren Sohn, der sich in einer Berufsausbildung befindet. Wie sollte die Rechtsanwaltsfachangestellte in diesem Fall vorgehen?
   b) Die Rechtsanwältin Kathrin Hartl informiert Leonie Rückert darüber, dass sie, sofern die Mandantin Betty Lohmeier anrufe, umgehend mit dieser verbunden werden wolle, da sie dringende Fragen an diese habe. Betty Lohmeier meldet sich am Nachmittag während einer Besprechung der Rechtsanwältin Kathrin Hartl. Wie sollte die Rechtsanwaltsfachangestellte in diesem Fall vorgehen?
   c) Leonie Rückert telefoniert mit dem Mandanten Ingbert Schwabert. Dieser ist bekannt dafür, dass er immer sehr ausschweifend erzählt. Daher nutzt die Rechtsanwaltsfachangestellte die Zeit, um neu eingegangene E-Mails zu lesen und – soweit möglich – nebenher zu erledigen. Beurteilen Sie dieses Verhalten von Leonie Rückert.

7. In der Rechtsanwaltskanzlei Eriksson, Meinders & Kollegen GbR kommt es immer wieder vor, dass neue Mitarbeiter/-innen oder Auszubildende telefonisch nicht alle relevanten Daten bei Mandanten/Beteiligten erfragen. Der Rechtsfachwirt Ben Koplan erstellt deshalb auf Bitte des Rechtsanwalts Dieter Meinders einen Gesprächsplan für Telefonate. Wie könnte dieser Gesprächsplan aussehen?

8. Die Rechtsanwaltskanzlei Simone Leitner & Dr. Kurt Trichowski GbR vertritt Fabian Kartmeyer in mehreren Angelegenheiten. Die zuständige Sachbearbeiterin ist die Rechtsanwältin Simone Leitner.
   a) Der Mandant ruft am 13.12.2016 an und bittet darum, mit der Rechtsanwältin Simone Leitner verbunden zu werden. Wie sollte die Rechtsanwaltsfachangestellte Emma Lorenzen in diesem Fall vorgehen?

b) Fabian Kartmeyer erklärt Emma Lorenzen, dass er in der Angelegenheit Fabian Kartmeyer ./. Severin Holderbach wegen einer Darlehensrückzahlung anrufe und wissen wolle, warum das Amtsgericht Bremen ihm geschrieben habe, dass der anberaumte Termin aufgehoben worden sei. Wie sollte die Rechtsanwaltsfachangestellte, die seit über 20 Jahren in der Rechtsanwaltskanzlei Simone Leitner & Dr. Kurt Trichowski GbR arbeitet, nun vorgehen?

c) Aus der Handakte ergibt sich, dass das Gericht den Termin deshalb aufgehoben hat, weil die Gegenseite den geltend gemachten Anspruch in voller Höhe schriftlich anerkannt hat. Das gerichtliche Schreiben ging am 12.12.2016 in der Rechtsanwaltskanzlei Simone Leitner & Dr. Kurt Trichowski GbR ein. Welche weiteren Schritte sollte die Rechtsanwaltsfachangestellte nun unternehmen?

d) Nachdem das Telefongespräch beendet ist, nimmt sich Emma Lorenzen gleich die Handakte vor und fertigt das angekündigte Schreiben an den Mandanten an. Welche grundsätzlichen Regeln muss sie bei der Erstellung dieses Mandantenschreibens beachten?

9. Die Auszubildende Jennifer Vollandt ist in der Rechtsanwaltskanzlei Jutta Hamberger für die Entgegennahme von Telefongesprächen zuständig.

a) Jennifer Vollandt sollte beim Führen der Telefonate in Bezug auf ihre Stimme wichtige Regeln einhalten. Um welche Regeln handelt es sich hierbei?

b) Um die Telefongespräche professionell zu führen, sollte die Auszubildende drei wichtige Regeln einhalten, um Störungen o. Ä. zu vermeiden. Um welche drei Regeln handelt es sich hierbei? Nennen Sie jeweils ein Beispiel.

c) Was muss Jennifer Vollandt beachten, wenn sie die Mandanten/Beteiligten nicht mit der Rechtsanwältin Jutta Hamberger verbindet, sondern diesen selbst weiterhilft?

d) Welche Punkte sollte die Auszubildende in die Telefonnotiz aufnehmen?

10. Die Rechtsanwältin Daniela Kuhn befindet sich in einer Besprechung. Während dieser Besprechung ruft sie die Rechtsanwaltsfachangestellte Paula Thurin, die am Empfang sitzt, an und bittet sie, kurz in das Besprechungszimmer zu kommen, um mehrere Unterlagen zu holen und diese zu kopieren. Was sollte Paula Thurin in diesem Fall unternehmen?

Prüfungsbereich 2: Rechtsanwendung

2.1 Stellung und Hauptpflichten des Rechtsanwalts, des Notars und des Patentanwalts im Rechtssystem beachten

Schemata

Gewaltenteilung

	Legislative (Gesetzgebung)	Exekutive (Regierung)	Judikative (Rechtsprechung)
Aufgaben	Erlass von Gesetzen	Ausführung der Gesetze	Überwachung der Einhaltung und Durchsetzung von Gesetzen
Vertreter	• Bundestag • Bundesrat • Landes-parlamente	• Bundesregierung • Landesregierungen • Behörden • Gemeindeverwaltungen • Polizei • Staatsanwaltschaft • Strafvollzug	Gerichte

Rechtspflege

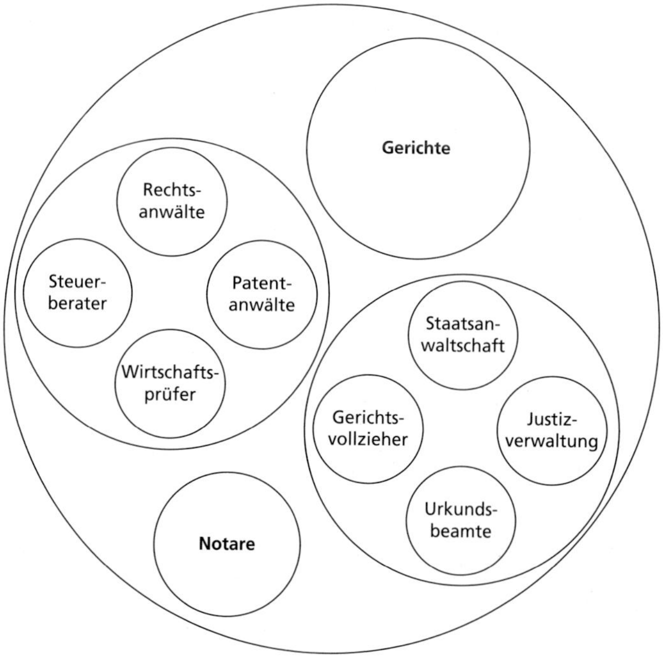

Gerichtsbarkeiten

ordentliche Gerichtsbarkeit	besondere Gerichtsbarkeit					Verfassungsgerichtsbarkeit
Zivil- und Strafgerichtsbarkeit	**Patentgerichtsbarkeit**	**Arbeitsgerichtsbarkeit**	**allgemeine Verwaltungsgerichtsbarkeit**	**Sozialgerichtsbarkeit**	**Finanzgerichtsbarkeit**	
Bundesgerichtshof (BGH) *Sitz: Karlsruhe*	Bundesgerichtshof (BGH) *Sitz: Karlsruhe*	Bundesarbeitsgericht (BAG) *Sitz: Erfurt*	Bundesverwaltungsgericht (BVerwG) *Sitz: Leipzig*	Bundessozialgericht (BSG) *Sitz: Kassel*	Bundesfinanzhof *Sitz: München*	Bundesverfassungsgericht (BVerfG) *Sitz: Karlsruhe* Verfassungsgerichte der Länder
Oberlandesgericht (OLG) (in Berlin: Kammergericht, KG)	Bundespatentgericht (BPatG) *Sitz: München*		Oberverwaltungsgericht (OVG)		Finanzgericht (FinG)	
Landgericht (LG)	Landgericht (LG)	Landesarbeitsgericht (LAG)		Landessozialgericht (LSG)		
Amtsgericht (AG) mit: • Mahngericht • Vollstreckungsgericht • freiwillige Gerichtsbarkeit		Arbeitsgericht (ArbG)	Verwaltungsgericht (VG)	Sozialgericht (SG)		

Ausführlichere Informationen zu den in den Schemata zusammengefassten Themenbereichen „Stellung und Hauptpflichten des Rechtsanwalts, Notars und Patentanwalts im Rechtssystem beachten" finden Sie im Lehrbuch: Lernfeld 2, Kapitel 2, 4 und 5.

Fälle

1. Die Notarfachangestellte Frauke Martinez-Mauer liest in der Zeitung, dass ein Gesetz vom Bundesverfassungsgericht „gekippt" wurde.
   a) Was ist damit gemeint? Erklären Sie, inwieweit die Kontrolle von Gesetzen durch die Gerichte für einen funktionierenden Rechtsstaat entscheidend ist. Welches Prinzip wird dadurch umgesetzt?
   b) Was bedeutet „Gewaltenteilung"? Was soll dadurch erreicht werden?
   c) Welche sind die drei Gewalten? Nennen Sie jeweils ein Beispiel für einen Vertreter der entsprechenden Gewalt.

2. Die Rechtsanwaltsfachangestellte Roberta Tutsch soll in einer Kaufpreisstreitigkeit mit einem Streitwert in Höhe von 1 880,00 € das zuständige Gericht ermitteln.
   a) Welches Gericht ist sachlich zuständig und wo ist dies geregelt?
   b) Welche zwei Arten von Zuständigkeiten gibt es noch neben der örtlichen Zuständigkeit und was ist damit jeweils gemeint?

3. Achim Wollers e. K. und Jana Vercelli e. K. streiten über eine Kaufpreisforderung in Höhe von 7 895,69 €. Welches Gericht (und ggf. welche Kammer) ist zuständig und wo ist dies geregelt?

4. Die Rechtsanwaltsfachangestellte Vanessa Vittorio soll einen Schriftsatz an das zuständige Gericht in einer baurechtlichen Angelegenheit aufsetzen. Sie recherchiert dazu das zuständige Gericht.
   a) Welches Gericht ist in erster Instanz für Streitigkeiten aus dem Baurecht zuständig?
   b) Welches Gericht ist in zweiter Instanz grundsätzlich zuständig?
   c) Welches ist das oberste Gericht in einer solchen Angelegenheit? In welcher Stadt hat es seinen Sitz?

5. Der Rechtsanwaltsfachangestellte Carlos Pereira wird zum ersten Mal mit einer Vormundschaftssache betraut. Er fragt sich, welches Gericht in der Sache zuständig ist.
   a) Zu welcher Art der Gerichtsbarkeit gehören Vormundschaftssachen?
   b) Welche Art von Gerichten ist in Vormundschaftssachen zuständig? Wo sind diese Gerichte angegliedert?
   c) Nennen Sie alle Instanzen mit den zugehörigen Abkürzungen für diese Art der Gerichtsbarkeit.
   d) Nennen Sie drei Beispiele für Gerichtsbarkeiten, die zur besonderen Gerichtsbarkeit gehören.

6. Die Rechtsanwalts- und Notarfachangestellte Maya Singh soll einen Schriftsatz in einer Familiensache vorbereiten. Welches ist das zuständige Gericht in der ersten und zweiten Instanz und wo ist dies geregelt?

7. Dem Auszubildenden zum Patentanwaltsfachangestellten Aziz Erlami fällt beim Lesen der Patentanwaltsordnung (PAO) auf, dass in § 1 PAO steht: „Der Patentanwalt ist in dem ihm durch dieses Gesetz zugewiesenen Aufgabenbereich ein unabhängiges Organ der Rechtspflege." Welche anderen Institutionen gehören ebenfalls zur Rechtspflege? Nennen Sie fünf Beispiele.

8. Ingrid Sigalas hat sich als Rechtsanwältin bei der Rechtsanwaltskammer Hamburg zugelassen und eine Tätigkeit bei dem Anwaltsnotariat Herdegen begonnen. Im Rahmen ihres ersten Mandats vertritt sie Rudolph Carstens in einem Scheidungsverfahren, das auch in den Medien auf großes Interesse stößt.

a) Welche Stellung hat sie gemäß § 1 BRAO? Was bedeutet dies?

b) Darf sie sich ohne Zustimmung des Mandanten gegenüber der Presse zum Fall äußern?

c) Darf sie nach Absprache mit dem Mandanten gegenüber der Presse Andeutungen machen, die die Gegenpartei wahrheitswidrig diffamieren, aber dem Mandanten im Verfahren nutzen könnten?

d) Zwei Jahre nach dem Verfahren möchte Vanessa Carstens, die geschiedene Ehefrau, Ingrid Sigalas beauftragen, nun für sie in einem weiteren Verfahren über den Unterhalt tätig zu werden, da sie von Ingrid Sigalas' Arbeit im ersten Verfahren sehr angetan war. Ingrid Sigalas überlegt, ob dies problematisch sein könnte und ob sie die Sache vielleicht an ihren Sozius Nils Thomczek abgeben sollte. Beurteilen Sie die Lage.

e) Dürfte Ingrid Sigalas den Mandanten vertreten, wenn ein Notar der Sozietät zuvor den Ehevertrag betreut hat?

9. Die Rechtsanwaltskanzlei Kolberg, Couson, Küllmer GbR mit Sitz in Kleve hat drei neue Mitarbeiter/-innen eingestellt. Guntram Boars hat einen Master of Laws sowie einen Doktortitel in Wirtschaftsrecht, Sita Wehlhauer das Erste und Zweite Juristische Staatsexamen und Soo-yeon Kwon einen Master of Science in Physik und eine Ausbildung zur Patentanwältin.

a) Kann Guntram Boars als Rechtsanwalt arbeiten? Was muss er ggf. dafür tun? Welche Alternativen bestehen?

b) Kann Sita Wehlhauer als Rechtsanwältin arbeiten? Was muss sie ggf. dafür tun?

c) Kann Soon-yeon Kwon als Rechtsanwältin arbeiten? Welche Alternativen bestehen?

d) Welche grundsätzlichen Unterschiede gibt es zwischen Rechts- und Patentanwälten im Hinblick auf Ausbildungsweg und Einsatzbereiche?

e) Welche Berufsgruppen müssen über die Befähigung zum Richteramt verfügen?

f) In welchen Gesetzen ist das Berufsrecht der Rechtsanwälte geregelt? Nennen Sie drei Beispiele.

10. Der Rechtsanwalt Robert Couson ist Fachanwalt für Handels- und Gesellschaftsrecht, Bank- und Kapitalmarktrecht und Steuerrecht. Er möchte nun auch den Fachanwaltstitel für Internationales Wirtschaftsrecht erwerben. Ist dies möglich?

2.2 Gesetze und Verordnungen handhaben

Schemata

Einteilung des Rechts

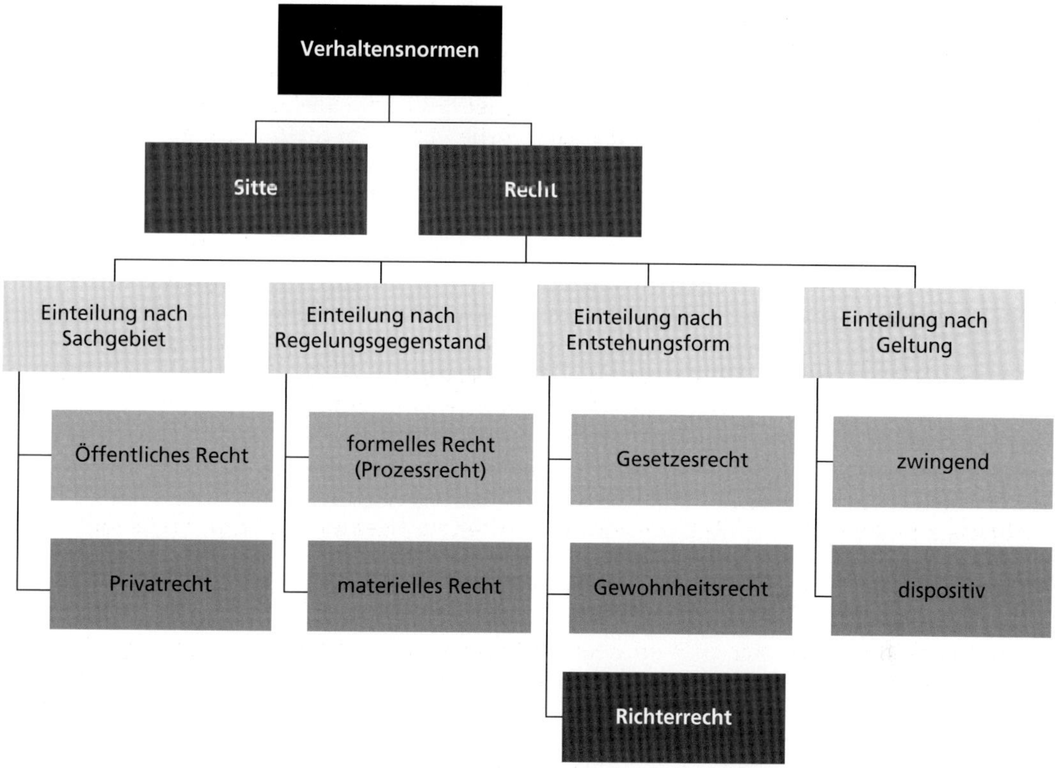

Privates und öffentliches Recht

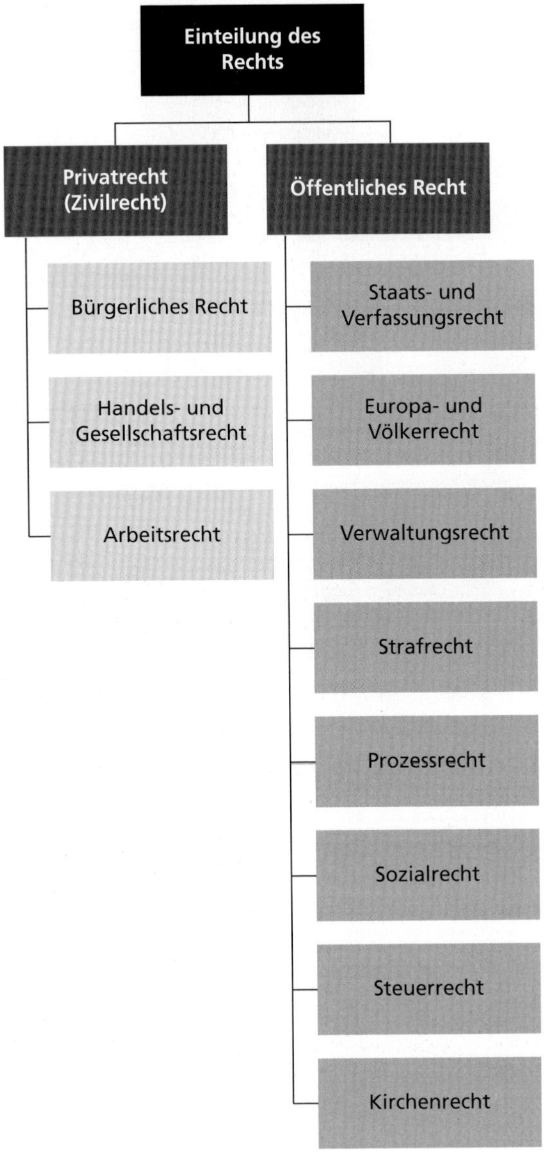

Normenhierarchie

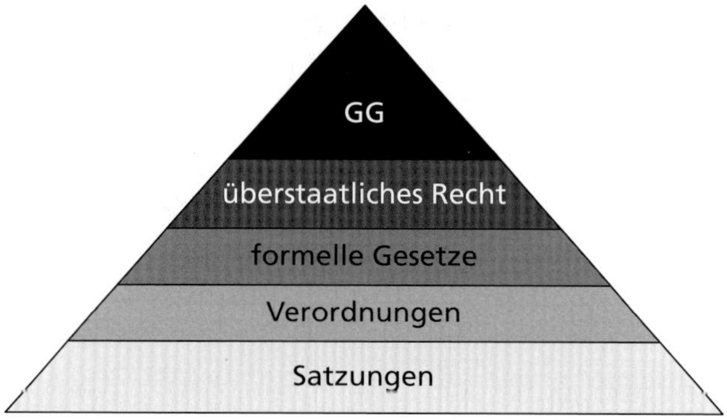

Ausführlichere Informationen zu den in den Schemata zusammengefassten Themenbereichen „Gesetze und Verordnungen handhaben“ finden Sie im Lehrbuch: Lernfeld 1, Kapitel 1 und 3.

Fälle

1. Der Auszubildende zum Rechtsanwalts- und Notarfachangestellten Hagen de Cassan soll in der kanzleieigenen Bibliothek Gesetze und Bücher ordnen und mit einer Signatur versehen. Werke, die zum materiellen Recht gehören, sollen das Kürzel „M“ erhalten und Werke, die zum formellen Recht gehören, das Kürzel „F“.

a) Was ist der Unterschied zwischen materiellem und formellem Recht?

b) Welche Kürzel erhalten die folgenden Werke?

- BauGB
- MuSchG
- Zöller: Zivilprozessordnung, 31. Aufl., Köln, Dr. Otto Schmidt, 2016
- FGG
- Palandt: Bürgerliches Gesetzbuch, 75. Aufl., München, C. H. Beck, 2016
- Germelmann/Matthes/Prütting: Arbeitsgerichtsgesetz, 8. Aufl., München, C. H. Beck, 2013
- HGB

2. Die Auszubildende zur Rechtsanwaltsfachangestellten Rabea Bothe erhält den Auftrag, neue Akten anzulegen. In ihrer Ausbildungskanzlei werden Zivilverfahren mit grünen Aktendeckeln versehen und Verfahren aus dem öffentlichen Recht mit blauen.

a) Was ist der Unterscheid zwischen Privatrecht und öffentlichem Recht?

b) In welcher Hinsicht ist diese Unterscheidung von Bedeutung? Gehen Sie dabei auch auf die Begriffe „formelles“ und „materielles“ Recht ein.

c) Welche Aktendeckel muss Rabea Bothe in den folgenden Angelegenheiten jeweils wählen? Zu welchen Rechtsgebieten gehören die Angelegenheiten im Einzelnen?

- Hagen ./. Hagen wegen Scheidungsverfahren
- Kinayici wegen Baugenehmigung
- Küllmer ./. Highvolt AG wegen Arbeitszeugnis
- Wilkens ./. Reinglas OHG wegen Auflösung der Gesellschaft
- Bürgerinitiative ProBad ./. Gemeinde Allershausen wegen Schließung des örtlichen Freibads
- El-Awaad wegen Erteilung eines Erbscheins
- Richert wegen Fahrens ohne Fahrerlaubnis

- Vision GmbH ./. Vision New GbR wegen Urheberrechtsverletzung
- Schulz ./. Agentur für Arbeit wegen Arbeitslosengeld II
- Axel Gellert wegen unerlaubter Verwertung urheberrechtlich geschützter Werke

3. Die Rechtsanwaltsfachangestellte Gitta Heinze soll recherchieren, welche Stellen Beglaubigungen vornehmen können. Sie findet dazu eine Regelung in den §§ 33 f. VwVfG sowie Art. 33 BayVwVfG und eine Verordnung über die zu Beglaubigungen befugten Behörden (Beglaubigungsverordnung – BeglV).

a) Was ist der Unterschied zwischen einem Gesetz und einer Verordnung? Warum kann es wie hier zu einem Themengebiet beide Arten von Normen geben?

b) Was wäre die Konsequenz, wenn die Regelung im BayVwVfG der im VwVfG widersprechen würde?

c) Was wäre die Konsequenz, wenn die Regelung im VwVfG gegen das Grundgesetz verstoßen würde?

4. Die Notarin Dr. Gertrud Raupeter hat einen Fachaufsatz verfasst. Sie bittet den Notarfachangestellten Marco Teschner, die Gesetzesangaben sowie die Fußnoten und das Literaturverzeichnis zu vereinheitlichen.

a) Wie werden Gesetze richtig zitiert? Nennen Sie ein Beispiel mit Angabe von Paragraf, Absatz und Satz (z. B. aus dem Beurkundungsgesetz) sowie ein Beispiel einer Paragrafenkette mit Angabe mehrerer Paragrafen, jeweils aus dem gleichen Gesetz (z. B. aus dem Bürgerlichen Gesetzbuch) und aus unterschiedlichen Gesetzen. Es können dabei auch fiktive Beispiele gewählt werden.

b) Welche Angaben müssen bei Fachaufsätzen gemacht werden?

c) Wie werden die folgenden Fachzeitschriften üblicherweise abgekürzt?

- Neue Juristische Wochenschau
- Betriebs-Berater
- Juristische Rundschau
- Monatsschrift für Deutsches Recht

d) Was stimmt jeweils bei den folgenden Quellenangaben nicht? Bitte korrigieren Sie ggf. die Angaben.

- Kiesel, Robert: Das Firmenrecht in der IHK-Praxis: klassische Probleme bei der Suche nach dem Unternehmensnamen, DNotZ, 740–756
- Böttcher, Leif/Faßbender/Waldhoff, Christian: Erneuerbare Energien in der Notar- und Gestaltungspraxis, 1. Auflage, München, 2014
- Dr. Christoph Reymann: Wärme-Contracting beim Wohnungskauf vom Bauträger, DNotZ 2015, 883

e) Wie wird die folgende Gerichtsentscheidung richtig zitiert? Die Entscheidung wurde auch in der Deutschen Notar-Zeitschrift im Heft 1/2016 auf den Seiten 32 ff. und in der Neuen Juristischen Wochenschrift im Heft 44 aus dem Jahr 2015 auf den Seiten 3228 ff. abgedruckt.

BUNDESGERICHTSHOF

IM NAMEN DES VOLKES

URTEIL

VIII ZR 243/13

Verkündet am:
25. März 2015
Vorusso,
Justizhauptsekretärin
als Urkundsbeamtin
der Geschäftsstelle

2.3 Entstehung und Wirksamkeit von Rechtsgeschäften prüfen

Schemata

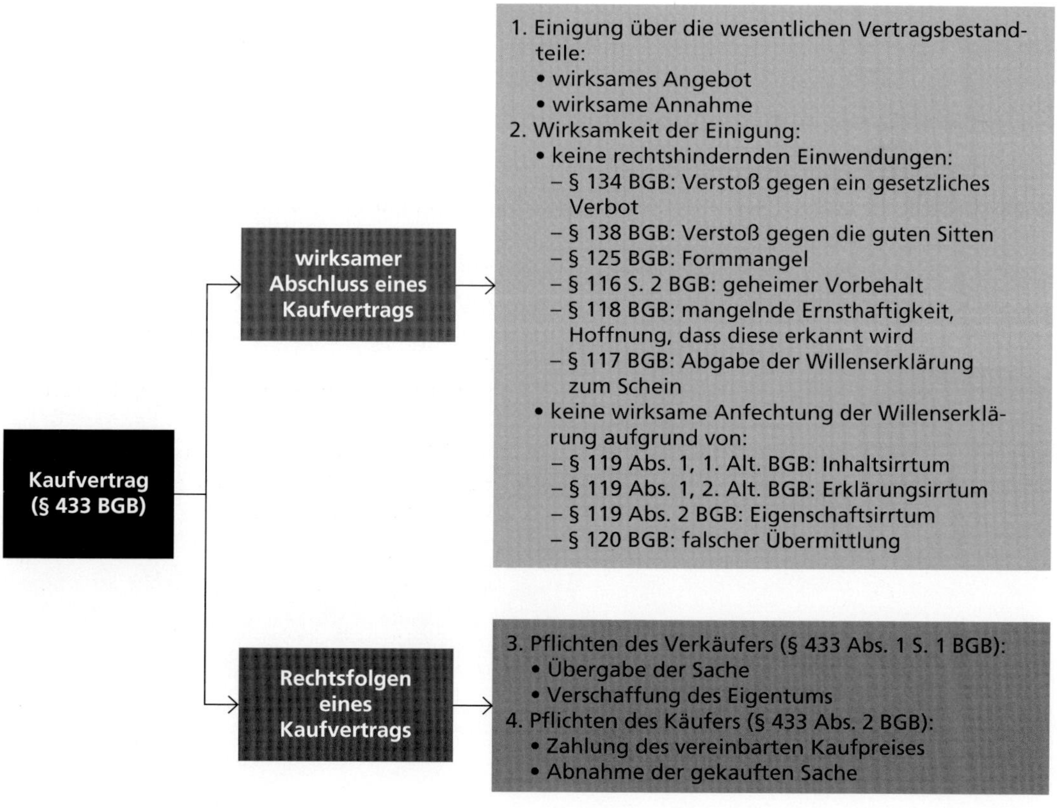

Geschäftsfähigkeit

Geschäftsunfähigkeit

- § 104 Nr. 1 BGB: Personen, die das 7. Lebensjahr noch nicht vollendet haben
- § 104 Nr. 2 BGB: Personen, die unter dauernder krankhafter Störung der Geistestätigkeit leiden
- Rechtsfolge gemäß § 105 Abs. 1 BGB: Willenserklärung ist nichtig.

beschränkte Geschäftsfähigkeit

- § 1903 BGB: Personen, die unter Betreuung mit Einwilligungsvorbehalt gestellt sind
- § 106 BGB: Minderjährige zwischen dem 7. und dem 18. Lebensjahr:
  - Teil-Geschäftsfähigkeit (§§ 112, 113 BGB)
  - lediglich rechtlich vorteilhaftes Geschäft (§ 107 BGB)
  - Einwilligung des gesetzlichen Vertreters, wenn das Geschäft nicht lediglich rechtlich vorteilhaft ist (§ 107 BGB i. V. m. §§ 182, 183, 1626 BGB)
  - Taschengeldparagraf (§ 110 BGB)
- Zwischenergebnis
- Genehmigung durch gesetzlichen Vertreter (§ 108 BGB i. V. m. §§ 182, 184, 1626 BGB)
- Rechtsfolge: Nur rechtlich vorteilhafte Rechtsgeschäfte können ohne Zustimmung des gesetzlichen Vertreters vorgenommen werden.
- Mangelnde Zustimmung: Rechtsgeschäft ist schwebend unwirksam bis zur Genehmigung oder der Verweigerung der Genehmigung.

Anfechtung einer Willenserklärung

1. Auslegung der Willenserklärung: Was wurde erklärt?
2. Anfechtungsgrund:
   - unbewusstes Auseinanderfallen von Erklärtem und Gewolltem (§§ 119, 120 BGB)
   - arglistige Täuschung, widerrechtliche Drohung (§ 123 BGB)
3. Kausalität des Irrtums für die Abgabe der Willenserklärung
4. wirksame Anfechtungserklärung (§143 Abs. 1 BGB)
5. wirksamer Zugang der Anfechtungserklärung beim Anfechtungsgegner (§ 130 Abs. 1 BGB)
6. Anfechtungsfrist gemäß § 121 BGB bzw. § 124 BGB
7. kein Ausschluss der Anfechtung (§ 121 Abs. 2 BGB oder § 140 BGB)
8. Rechtsfolgen der Anfechtung:
   - Willenserklärung ist von Anfang an nichtig.
   - Schadensersatzanspruch des Anfechtungsgegners (§ 122 BGB)

Stellvertretung →

1. Zulässigkeit
2. Stellvertreter gibt eigene Willenserklärung ab.
3. Stellvertreter handelt in fremdem Namen. Dazu muss die erforderliche Vertretungsmacht vorliegen:
   - gesetzliche Vertretungsmacht
   - rechtsgeschäftliche Vertretungsmacht
   - Vertretungsmacht kraft Rechtsscheins
4. Vertreter muss innerhalb der Vertretungsmacht gehandelt haben.
5. Es darf kein verbotenes Insichgeschäft vorliegen.

Ausführlichere Informationen zu den in den Schemata zusammengefassten Themenbereichen „Entstehung und Wirksamkeit von Rechtsgeschäften prüfen" finden Sie im Lehrbuch:

- Lernfeld 3, Kapitel 3.2 (Wirksamkeit eines Kaufvertrags)
- Lernfeld 3, Kapitel 3.3 (Stellvertretung)

Fälle

1. Der Jurastudent Konrad Merger geht zum Kiosk, um einen Kasten Bier zu kaufen. Er sagt: „Ich hätte gerne einen Kasten Bier." Der Verkäufer geht ins Hinterzimmer, um einen Kasten zu holen. Als der Kasten dann endlich auf der Theke steht, sagt der Student, der sich eigentlich vorgenommen hat, weniger Alkohol zu trinken, dass er es sich gerade anders überlegt habe, und will den Kiosk ohne Bier, und natürlich auch ohne den Preis von 28,00 € zu bezahlen, verlassen. Der Verkäufer sieht das nicht ein und besteht auf der Bezahlung. Zu Recht?

2. Die beiden Rechtsanwaltsfachangestellten Sybille Maurer und Karen Altemaier sitzen in der Mittagspause in einer Trattoria und bestellen gemäß der auf dem Tisch liegenden Speisekarte je einen Salat zum Mittagessen. Als die Rechnung kommt, stellt sich heraus, dass die Speisekarte veraltet ist und die Preise in der Zwischenzeit angehoben wurden. Sie müssten nach der nun geltenden Karte 18,00 € für die beiden Salate zahlen – laut der Karte, die auf dem Tisch lag, jedoch nur 14,00 €. Welchen Preis kann der Wirt verlangen?

3. Ohne sein Zutun erhält Lars Kerner von einem Meinungsforschungsinstitut einen Zehneuroschein zugesendet, verbunden mit der Verpflichtung, an einer Meinungsumfrage teilzunehmen, wenn er den Geldschein behalten möchte. Lars Kerner freut sich und behält den Zehneuroschein. An der Umfrage nimmt er nicht teil. Ist das rechtens?

4. Die Rechtsreferendarin Lisa Wohlgemuth bummelt durch die Einkaufspassage und sieht einen Ständer mit günstigen Schirmen. An dem Ständer steht ein Schild: „Jeder Schirm für 3,00 €." Sie zeigt einen Schirm einem Verkäufer, der leider erkennen muss, dass er einen Fehler gemacht hat. Aus Versehen ist ein sehr viel teurerer Schirm auf den Billigständer gelangt. Kann die Rechtsreferendarin darauf bestehen, dass ihr der Schirm für 3,00 € verkauft wird?

5. Der noch eher unerfahrene Stefan Gremmler nimmt an einer Versteigerung von Fundsachen der Bundesbahn in Wuppertal teil. Während der Auktionator Gebote für eine Palette mit hochwertigen Kosmetikartikeln entgegennimmt, entdeckt Stefan Gremmler zu seiner

Überraschung einen alten Schulfreund und winkt ihm aufregt mit seiner Bieterkarte zu. Daraufhin erteilt ihm der Auktionator den Zuschlag für die Kosmetikartikel in Höhe von 660,00 €. Das Winken mit der Bieterkarte gilt auf derartigen Versteigerungen als Abgabe des nächsthöheren Gebots, was Stefan Gremmler nicht wusste.

a) Kann der Auktionator die Zahlung von 660,00 € von Stefan Gremmler verlangen?

b) Wie ist die Rechtslage zu beurteilen, wenn der Auktionator erkannt hat, dass Stefan Gremmler nur einem Freund zuwinken wollte?

6. Die Eigenheimbesitzerin Franziska Hillenbrand möchte sich eine Küche maßanfertigen lassen. Beim Küchenbauer sucht sie sich die günstige Holzqualität „Augenschmaus" in Hochglanzoptik aus. Ihr Küchenraum wird vom Küchenbauer ausgemessen, der danach ein schriftliches Angebot erstellt. Das Angebot lautet aber auf das Holz „Handschmeichler", welches wesentlich teurer ist als das Holz „Augenschmaus", das zunächst ausgesucht wurde. Der Küchenbauer hatte sich bei der Erstellung des Angebots vertan, was die Kundin aber nicht erkannte. Franziska Hillenbrand nimmt das Angebot an. Später verlangt sie die Küche in der teureren Holzqualität „Handschmeichler". Ist das rechtlich möglich?

7. Die Rechtsanwältin Julia Greim möchte den Rechtsanwaltsfachangestellten Stefan Kieling entlassen. Sie bringt ihm persönlich das Kündigungsschreiben nach Hause. Stefan Kieling, der ahnt, dass es sich um eine Kündigung handelt, schlägt ihr aber die Tür vor der Nase zu, sodass Julia Greim das Kündigungsschreiben nicht übergeben kann.

a) Liegt hier dennoch ein wirksamer Zugang vor?

b) Wie ist die Rechtslage zu beurteilen, wenn die Rechtsanwältin den Brief an einem Sonntag in den Briefkasten von Stefan Kieling wirft?

c) Da Stefan Kieling mit einer Kündigung rechnet, verreist er lieber, damit ihm die Kündigung nicht zugestellt werden kann und so die Kündigungsfrist versäumt wird. Wird er damit sein Ziel erreichen?

8. Natalie, die Tochter der Rechtsanwältin Susanne Reinig, ist sechs Jahre alt und sehr stolz darauf, dass sie sich am Kiosk allein Süßigkeiten kauft. Kommt denn ein wirksamer Kaufvertrag zustande?

9. Die 16 Jahre alte Rechtsanwaltsfachangestellte Nora Yilmaz kauft sich einen iPod. Als sie nach Hause kommt, schimpfen ihre Eltern, dass sie – ohne vorher um Erlaubnis zu fragen – so viel Geld ausgegeben hat. Sie billigen den Kauf aber, denn sie erkennen, dass ihre Tochter, wirtschaftlich gesehen, ein gutes Geschäft gemacht hat und einen schönen iPod zu einem guten Preis eingekauft hat. Ist ein wirksamer Kaufvertrag zwischen Nora Yilmaz und dem Händler über den iPod zustande gekommen? Wenn ja, zu welchem Zeitpunkt?

10. Die 17-jährige Schülerin Magdalena Rander bekommt ein monatliches Taschengeld von 60,00 €. Eine digitale Spiegelreflexkamera ist ihr lang gehegter Wunsch. Bei einem Händler sieht sie ein günstiges Angebot für eine gebrauchte Kamera in Höhe von 500,00 €. Beide werden schnell handelseinig, obwohl die Schülerin nicht genug Geld dabei hat, um die Kamera sofort zu bezahlen. Der Händler ist einverstanden, dass sie die Kamera mitnimmt, wenn sie 100,00 € anzahlt. Das macht Magdalena Rander und verspricht, das restliche Geld am nächsten Tag vorbeizubringen. Am nächsten Tag kommt sie jedoch nicht in das Geschäft und der Händler ruft bei der Schülerin zu Hause an. Die Eltern der Schülerin sind nicht begeistert, dass der Händler ihrer Tochter die Kamera verkauft hat, weil sie minderjährig ist. Sie möchten den Kaufpreis nicht bezahlen und möchten auch nicht, dass ihre Tochter den Preis bezahlt. Der Händler besteht aber auf der Bezahlung. Hilfsweise verlangt er die Kamera zurück. Was wird er bekommen?

11. Der 13-jährige Thorsten Himmelberg erhält monatlich 15,00 € Taschengeld zur freien Verfügung von seinen Eltern. Er bestellt im Internet ein Abo mit zwei Jahren Laufzeit für die neusten Handyklingeltöne zu 2,50 € im Monat. Seine Eltern finden das gar nicht gut. Muss Thorsten Himmelberg bezahlen?

12. Die 14-jährige Lisa Wohlgemuth wünscht sich neue Reitstiefel aus Leder. Ihre Eltern unterstützen diesen Wunsch und versprechen ihr, die Stiefel zu kaufen, sobald sie ein günstiges Angebot sehen. Die ältere Schwester einer Schulkameradin möchte ihr ihre Reitstiefel gerne zum Preis von 60,00 € verkaufen, weil sie ihr nicht mehr passen. Lisa freut sich über das Angebot und sagt, dass ihre Eltern damit einverstanden seien, was aber so nicht stimmt, denn die Eltern wissen noch gar nichts von diesem Geschäft. Die Schwester und Lisa vereinbaren, dass Lisa am nächsten Tag die 60,00 € bringt und dafür die Stiefel erhält. Als Lisa ihren Eltern später von dem Kauf erzählt, erklären sie sich ihrer Tochter gegenüber mit dem Geschäft einverstanden. Die Schwester der Schulkameradin bekommt jedoch Zweifel, ob das Geschäft wirklich wirksam ist, und ruft am nächsten Tag Lisa Wohlgemuths Eltern an. Diese haben aber zufällig in Kleinanzeigen im Internet am Abend zuvor ein noch günstigeres Angebot gesehen und verweigern angesichts des größeren Schnäppchens die Zustimmung zu dem Rechtsgeschäft gegenüber der Schwester. Hat die Schwester gegen Lisa Wohlgemuth oder gegen ihre Eltern einen Anspruch auf Zahlung von 60,00 €?

13. Der Pflanzenversender Jörg Monsdorf möchte einem Sammler ein seltene Orchidee zum Preis von 189,00 € anbieten. Leider verschreibt er sich und bietet die kostbare Pflanze zum Preis von 89,00 € an.

a) Kann er seine Erklärung anfechten?

b) Wie wäre der Fall zu beurteilen, wenn Jörg Monsdorf seinen Irrtum zwar recht schnell erkennt, aber zwei Wochen ins Land gehen lässt, bis er sich bei dem Kunden meldet? Dieser hat die Orchidee schon in seinem Gewächshaus an ihren endgültigen Platz gesetzt.

14. Der aus Hannover stammende Student Daniel Holzrichter hat erst kürzlich an die Universität Köln gewechselt. In der Studentenkneipe bestellt er sich einen „halven Hahn", was für jeden Kölner ein belegtes Brötchen mit Käse ist. Der Student hat aber ein halbes Brathähnchen erwartet. Kann er seine Willenserklärung anfechten?

15. Die weit über ihre Verhältnisse lebende Verkäuferin Christina Knoche leiht sich aus der Nobelboutique, in der sie arbeitet, einen teuren Mantel, schminkt sich sorgfältig und geht zu einem Autohändler. Dort interessiert sie sich für ein PS-starkes, gut ausgestattetes und auch dementsprechend teures Fahrzeug. Der Autoverkäufer hat den Eindruck, dass Christina Knoche auf jeden Fall solvent ist, und verkauft ihr das Auto mit einem Ratenzahlungsvertrag. Einen Tag später erfährt er zufällig, dass Christina Knoche bis über beide Ohren verschuldet ist. Den Autokauf möchte er gerne anfechten, weil er fürchtet, dass Christina Knoche die Raten nicht bedienen kann. Ist das möglich?

16. Dimitri Kosics freut sich auf die bevorstehende Heirat mit seiner Verlobten. Im Hinblick auf die Eheschließung kauft er einen teuren Anzug, den er als Bräutigam tragen möchte.

Wenig später erfährt er jedoch, dass seine Braut von einem anderen Mann ein Kind erwartet. Die Hochzeit findet nicht statt und er möchte den Kaufvertrag für den Anzug anfechten, denn den Anzug braucht er nicht mehr. Kann er wirksam anfechten?

17. Ludmilla Wahrig ist eine von zwei Gesellschaftern einer GmbH, die sich auf die Erteilung von Nachhilfeunterricht spezialisiert hat. Leider laufen die Geschäfte nicht gut und die GmbH macht immer mehr Verlust. Deshalb beschließt Ludmilla Wahrig, ihren Anteil zu verkaufen. Im Rahmen der Verkaufsverhandlungen mit dem Interessenten Kurt Haferkorn legt sie nur unwesentliche Verbindlichkeiten offen und verschweigt, dass die GmbH seit einem halben Jahr keine Miete mehr für die Räumlichkeiten zahlt. Da sich die Lage so für Kurt Haferkorn besser darstellt, als sie ist, entschließt er sich zum Kauf des Anteils. Später erfährt er von seinem Mitgesellschafter, dass die GmbH nicht nur unter Mietschulden leidet, sondern auch noch andere hohe Verbindlichkeiten dazukommen. Die Insolvenz erscheint unvermeidlich. Ludmilla Wahrig verlangt die Zahlung des vereinbarten Kaufpreises von Kurt Haferkorn. Er weigert sich jedoch zu bezahlen, sondern besteht auf dem Standpunkt, dass er von Ludmilla Wahrig betrogen worden sei. Verweigert er die Kaufpreiszahlung zu Recht?

18. Die zeitlich sehr eingespannte Unternehmerin Sonja Kliemke bittet ihren persönlichen Assistenten, für sie ein Testament beim Notar zu machen. Den Inhalt hat sie vorher eingehend mit ihm besprochen. Da er auf dem Weg in der Nähe ihres Lieblingsrestaurants vorbeikommt, bittet sie ihn noch, für sie Mittagessen mitzubringen. Ist eine wirksame Stellvertretung bei beiden Rechtsgeschäften möglich?

19. Corinna Sturm bittet ihre kleine Schwester Silke, zum Buchladen zu gehen und ihr das Buch „Nacht aus Eis" von Heike Rommel zu kaufen. Damit sie auch wirklich das gewünschte Buch bekommt, schreibt sie ihrer Schwester noch die ISBN-Nummer auf. Die Schwester macht im Geschäft klar, dass sie das Buch für ihre Schwester besorgen soll. Mit wem ist der Kaufvertrag über das Buch zustande gekommen?

20. Der Unternehmer Alfons Tegtmeyer bestellt bei der Sekretärin Sabrina Geider, die in einem Betrieb arbeitet, bei dem er häufig Bestellungen aufgibt, 500 Pappkartons in einer bestimmten Größe. Sabrina Geider missversteht ihn aber und richtet ihrem Chef aus, dass Alfons Tegtmeyer 5 000 Kartons haben möchte.

a) Über welche Anzahl Kartons kommt die Bestellung zustande?

b) Wie ist der Fall zu beurteilen, wenn Alfons Tegtmeyer statt der Sekretärin dem sechsjährigen Sohn des anderen Unternehmers die Bestellung ausrichtet? Der Sohn macht den gleichen Fehler wie die Sekretärin und übermittelt den Wunsch nach angeblich 5 000 Pappkartons.

21. Astrid Milzner soll für ihren Arbeitskollegen ein Wörterbuch Englisch-Deutsch besorgen. Sie nimmt aus Versehen aber das falsche Wörterbuch Deutsch-Englisch und kauft es im Namen ihres Arbeitskollegen. Der Arbeitskollege benötigt dieses Buch nicht, wendet sich an den Buchhändler und sagt, dass sich Astrid Milzner leider vergriffen habe. Besteht der Kaufvertrag noch?

22. Hermann Gessler möchte seine Wohnung renovieren. Um dafür Farbe zu besorgen, geht er in den Handwerkermarkt „Selbermacher-GmbH" und lässt sich von einem Verkäufer eingehend beraten. Letzten Endes entscheidet er sich für 50 Liter in einer bestimmten Qualität. Er vereinbart mit dem Verkäufer schriftlich, dass ihm die Farbe nach Hause geliefert wird und er danach die Rechnung überweist. Als dann die Farbe geliefert wird, wundert sich Hermann Gessler über die Rechnung, denn diese wurde von der Selbermacher-GmbH ausgestellt. Er meint, die Selbermacher-GmbH könne gar keinen Anspruch auf Zahlung haben, denn er habe ausschließlich mit dem Verkäufer einen Vertrag geschlossen. Wieso könnte die GmbH die Zahlung verlangen?

23. Die Bürovorsteherin Jasmin Tirpitz arbeitet bei einem Immobilienmakler. Sie hat Prokura. Aber ihr Chef, Dominique Breuer, hat diese Prokura im Innenverhältnis auf 50 000,00 € beschränkt. Bei Rechtsgeschäften, die darüber hinausgehen, möchte er noch einmal Rücksprache mit Jasmin Tirpitz halten. Daran hält sich Jasmin Tirpitz aber nicht, sondern kauft für ihren Arbeitgeber eine Wohnung zu 60 000,00 €, was sie für ein günstiges Angebot hält. Muss Dominique Breuer das Geld bezahlen?

2.4 Leistungsstörungen beim Kaufvertrag feststellen

Schemata

Unmöglichkeit der Leistung

anfängliche Unmöglichkeit (§ 311 a Abs. 2 BGB)

1. Bestehen eines wirksamen Schuldverhältnisses (§ 311 a Abs. 1 BGB)
2. Unmöglichkeit der Leistung gemäß § 275 Abs. 1 BGB oder berechtigte Erfüllungsverweigerung gemäß § 275 Abs. 2 und 3 BGB
3. Leistungshindernis (Unmöglichkeit der Leistungserbringung) lag bereits bei Vertragsschluss vor.
4. Kenntnis des Schuldners oder zu vertretende Unkenntnis gemäß § 311 a Abs. 2 S. 2 BGB
5. Kausalität der Unmöglichkeit für den Schaden
6. Rechtsfolge:
   - Schadensersatz statt der Leistung
   - Unmöglichkeit eines Teils der Leistung: Schadensersatz für die ganze Leistung kann der Gläubiger nur verlangen, wenn er an der Teilleistung kein Interesse hat (§§ 311 a Abs. 2 S. 3, 281 Abs. 1 S. 2, 3 BGB) und der nicht erbrachte Teil erheblich ist.
   - Statt Schadensersatz kann Aufwendungsersatz verlangt werden (§§ 311 a Abs. 2, 275, 284 BGB).
   - Der Gläubiger kann vom Schuldner Herausgabe des Ersatzes verlangen, der an die Stelle der unmöglich gewordenen Leistung getreten ist, z. B. die Versicherungssumme (§ 285 BGB).

nachträgliche Unmöglichkeit (§§ 280 Abs. 1 und 3, 283 BGB)

1. Bestehen eines wirksamen Schuldverhältnisses (§ 280 Abs. 1 S. 1 BGB)
2. Unmöglichkeit der Leistung gemäß § 275 Abs. 1 BGB oder berechtigte Erfüllungsverweigerung gemäß § 275 Abs. 2, 3 BGB
3. Der Schuldner hat das Leistungshindernis zu vertreten (§§ 280 Abs. 1 S. 2, 276–278 BGB).
4. Eintritt des Leistungshindernisses nach Vertragsschluss
5. Schaden des Gläubigers
6. Kausalität der Unmöglichkeit für den Schaden
7. Rechtsfolge:
   - Schadensersatz statt der Leistung
   - Unmöglichkeit eines Teils der Leistung: Schadensersatz für die ganze Leistung kann der Gläubiger nur verlangen, wenn er an der Teilleistung kein Interesse hat (§§ 283 S. 2, 281 Abs. 1 S. 2, 3 BGB) und der nicht erbrachte Leistungsteil erheblich ist.
   - Statt Schadensersatz kann Aufwendungsersatz verlangt werden (§ 284 BGB).
   - Der Gläubiger kann vom Schuldner die Herausgabe des Ersatzes verlangen, der an die Stelle der unmöglich gewordenen Leistung getreten ist, z. B. die Versicherungssumme (§ 285 BGB).

Verzug des Schuldners

1. Bestehen eines vertraglichen Schuldverhältnisses
2. Pflichtverletzung in Form einer Leistungsverzögerung (§ 280 Abs. 1 BGB)
3. zusätzliche Voraussetzungen des Verzugs gemäß § 286 BGB:
   - Mahnung des Gläubigers (§ 286 Abs. 1 BGB) oder
   - ein Umstand, der die Mahnung entbehrlich macht (§ 286 Abs. 2 BGB), oder
   - der Ablauf von 30 Tagen nach Fälligkeit und Rechnungsstellung
4. Der Schuldner muss die Nichtleistung zu vertreten haben (§ 286 Abs. 4 BGB).
5. Rechtsfolge: Ersatz des Verzögerungsschadens (§§ 280 Abs. 2, 286 BGB); dieser Anspruch besteht neben dem Anspruch auf die Leistung.

Mangel der Kaufsache

Sachmangel (§ 434 BGB)

1. vertragliches Schuldverhältnis
2. Vorliegen eines Mangels:
   - vereinbarte Beschaffenheit (§ 434 Abs. 1 S. 1 BGB)
   - Geeignetheit für die im Vertrag vorausgesetzte Verwendung (§ 434 Abs. 1 S. 2 Nr. 1 BGB)
   - gewöhnliche Verwendung, übliche Beschaffenheit (§ 434 Abs. 1 S. 2 Nr. 2 BGB)
3. kein Ausschluss der Mängelrechte
4. Rechtsfolge:
   - Nacherfüllung (§ 439 BGB):
     - Beseitigung des Mangels
     - Lieferung einer mangelfreien Sache
   - Rücktritt (§§ 440, 323, 326 Abs. 5 BGB)
   - Minderung (§ 441 BGB)
   - Ersatz vergeblicher Aufwendungen (§ 280 BGB)

Rechtsmangel (§ 435 BGB)

1. vertragliches Schuldverhältnis
2. Vorliegen eines Rechtsmangels, d. h., ein Dritter kann aufgrund eines Rechts in Bezug auf die Sache keine oder nur die im Kaufvertrag übernommenen Rechte gegen den Käufer geltend machen (§ 435 BGB).
3. kein Ausschluss der Mängelrechte
4. Rechtsfolge:
   - Nacherfüllung (§ 439 BGB):
     - Beseitigung des Mangels
     - Lieferung einer mangelfreien Sache
   - Rücktritt (§§ 440, 323 und 326 Abs. 5 BGB)
   - Minderung (§ 441 BGB)
   - Ersatz vergeblicher Aufwendungen (§ 280 BGB)

Ausführlichere Informationen zu den in den Schemata zusammengefassten Themenbereichen „Leistungsstörungen beim Kaufvertrag feststellen“ finden Sie im Lehrbuch:

- Lernfeld 3, Kapitel 4.2 (Allgemeine Leistungsstörungen im Kaufrecht)
- Lernfeld 3, Kapitel 4.3 (Leistungsstörungen im Kaufrecht: Mangel der Kaufsache)
- Lernfeld 3, Kapitel 4.4 (Folgen bei Mängeln im Kaufrecht)

Fälle

1. Der Aquariumliebhaber Peter Nordmann möchte sein gebrauchtes Aquariumbecken über eine Onlineplattform versteigern. Kurz nachdem er das Aquarium auf der Plattform eingestellt hat, fährt sein kleiner Sohn mit dem Bobbycar so unglücklich gegen das Becken, dass die Glasscheiben nicht standhalten und eine Seite zerbricht.
   a) Was kann Peter Nordmann tun, um die Versteigerung zu beenden?
   b) Wie ist die Rechtslage, wenn das Becken kurz nach dem Ende der Auktion kaputtgeht?

2. Linda Mertens verkauft ihr gebrauchtes Smartphone für 150,00 € an Luca Kampmann. Luca Kampmann ist begeistert, denn das Smartphone ist tatsächlich 300,00 € wert. Sie vereinbaren, dass Luca Kampmann das Geld in der kommenden Woche bezahlt und dann das Smartphone mitnehmen darf. Am Wochenende recherchiert Linda Mertens noch mal die Preise und stellt fest, dass sie ihr Smartphone zu billig verkauft hat. Sie bedauert den Vertragsschluss mit Luca Kampmann außerordentlich. Sie erzählt einer Freundin von ihrem Kummer, die auch schon lange auf der Suche nach einem passenden Smartphone ist. Die Freundin bietet ihr 200,00 € für das Smartphone. Dieses Angebot nimmt Linda Mertens spontan an. Als zur verabredeten Zeit Luca Kampmann vorbeikommt und das Smartphone abholen und bezahlen möchte, ist er entsprechend wütend über die Ereignisse. Er verlangt das Smartphone oder Schadensersatz. Wird er überhaupt etwas bekommen?

3. Der Holzhändler Mike Racke verkauft 100 Bretter aus Buchenholz (100 cm × 20 cm) an Ulf Bösert. Vor der Übereignung werden alle Bretter dieser Art bei einem Brand in seinem Lager vernichtet.
   a) Kann Ulf Bösert dennoch die Lieferung von 100 gewünschten Brettern verlangen?
   b) Wie ist die rechtliche Lage zu beurteilen, wenn die beiden vereinbart haben, dass Ulf Bösert die Bretter am nächsten Tag abholt und Mike Racke die Bretter daher bereits in einen gesonderten Raum gestellt hat, in dem dann die Bretter durch den Brand zerstört werden?

4. Die Whiskyliebhaberin Jacqueline Klann bestellt in einer bestimmten schottischen Destillerie die letzte Flasche eines besonderen Whiskys. Unglücklicherweise fällt diese Flasche dem Inhaber der Destillerie aus den Händen und zerbricht. Wie ist die Rechtslage?

5. Thomas Rinter leiht seinem Bekannten Matthias Hissig ein wichtiges und teures Buch, das er eigentlich benötigt, um seine Abschlussarbeit zu schreiben. Er macht Matthias Hissig deutlich, dass er das Buch spätestens am 18.08.20.. zurückhaben möchte, weil er dann weiter damit arbeiten muss. Trotz Mahnung gibt Matthias Hissig das Buch nicht bis zum 18.08.20.. zurück. Um seine Examensarbeit wie geplant weiterzubearbeiten, muss sich Thomas Rinter nun leider ein neues Buch kaufen. Kann er die Kosten dafür von Matthias Hissig verlangen?

6. Jule Hansen betreibt auf der Insel Spiekeroog einen Bollerwagenverleih. Leider sind an den Bollerwagen häufig die Reifen kaputt. Um für ein verlängertes Wochenende gerüstet zu sein, bei dem viele Gäste erwartet werden und auch gutes Wetter vorausgesagt ist, bestellt sie am 26.04.20.. rechtzeitig neue Reifen. Mit ihrem Reifenlieferanten hat sie schon lange die Abmachung getroffen, dass er grundsätzlich drei Tage nach Abruf liefert. Die Reifen müssten also am 29.04.20.. bei ihr sein. Der Reifenhändler versendet die Reifen jedoch zu spät, weil er viele andere Arbeiten zu erledigen hat. Deshalb erhält Jule Hansen die Reifen erst am 09.05.20.. . Jule Hansen hat vom 29.04.20.. bis zum 09.05.20.. eine Gewinneinbuße von 450,00 € erlitten, weil sie nur drei funktionierende Bollerwagen zur Verfügung hatte, die sie verleihen konnte. Kann sie diesen Betrag vom Lieferanten als Schadensersatz verlangen?

7. Sebiha Talis Waschmaschine geht kaputt. Sie sucht schnellstmöglich einen Händler auf, der ihr verspricht, dass er in der kommenden Woche eine neue Waschmaschine liefert. Bis Mittwoch der Folgewoche ist die Maschine noch nicht da. Sebiha Tali braucht aber unbedingt frische Wäsche. Daher geht sie in einen Waschsalon und wäscht ihre Wäsche für insgesamt 7,00 €. Am Freitag liefert der Händler die neue Waschmaschine. Kann Sebiha Tali die 7,00 € erstattet verlangen?

8. Das Auto von Hussein Amarak muss am Montag in die Werkstatt. Mit dem Werkstattinhaber hat er keinen Termin abgemacht, zu dem das Auto repariert sein soll, sondern der Werkstattinhaber hat ihm stattdessen versichert, dass er sich so schnell wie möglich um die Reparatur kümmert. Allerdings hat der Werkstattinhaber nicht so schnell Lust, sich an diese Reparatur zu machen, und repariert den Wagen am Dienstag nicht, obwohl er eigentlich dafür Zeit gehabt hätte. Am Mittwoch muss sich Hussein Amarak einen Leihwagen nehmen, weil er dringend ein Auto braucht. Als der Pkw Ende der Woche immer noch nicht repariert ist, fordert Hussein Amarak per Telefon wütend und nachdrücklich den Werkstattleiter zur Reparatur bis kommende Woche auf. Am Montag dieser Woche braucht er dann noch einmal einen Leihwagen. Letzten Endes bekommt er sein Auto am Dienstag zurück. Kann Hussein Amarak die Leihwagenkosten für die jeweiligen Tage ersetzt verlangen?

9. Sandro Peters hat eine Spielkonsole gekauft, die leider nach neun Tagen kaputtgeht. Er möchte sie dem Händler zurückbringen und das Geld erstattet bekommen. Der Händler weigert sich und bietet stattdessen an, die Spielkonsole zur Reparatur einzuschicken.
   a) Wer hat recht?
   b) Sandro Peters hat die Spielkonsole über das Internet bestellt. Wie ist dann die Rechtslage?

10. Susanne Ritterhaus kauft sich ein neues Videoprojektionsgerät bei einem Händler. Sie ist ganz begeistert von ihrer Anschaffung, aber leider geht das Gerät schon nach 14 Tagen kaputt. Es liegt ein Defekt vor, den der Händler auch bei gründlicher Untersuchung nicht hat erkennen können. Der Händler bietet Susanne Ritterhaus eine Neulieferung statt einer Reparatur an. Allerdings gibt es das Gerät nicht mehr in der Farbe, die Susanne Ritterhaus bevorzugt. Deshalb verlangt sie die Reparatur. Wird sie damit Erfolg haben?

11. Die Obsthändlerin Elke Nadler möchte sich vom Großhändler fünf Kisten Äpfel der Sorte „Freiherr von Berlepsch“ liefern lassen und zahlt vorab den Kaufpreis. Sie bekommt aber fünf Kisten Äpfel der Sorte „Boskop“, die allerdings insgesamt 15,00 € preiswerter ist. Sie hat also 15,00 € zu viel an den Großhändler bezahlt. Der Großhändler lehnt jede Nacherfüllung kategorisch ab, weil er sich bei so kleinen Liefermengen nicht weiter engagieren möchte. Elke Nadler verlangt zumindest die 15,00 € zurück. Zu Recht?

12. Stefan Krosen kauft für seine Tochter Johanna ein Spielhaus zum Zusammenbauen. Die Aufbauanleitung ist eine schlechte Übersetzung aus dem Koreanischen und extrem schwer verständlich. Nach mühevollen Stunden gelingt es Klaus Rosen endlich, das Spielhaus zusammenzubauen. Er meint, dass er einen Teil des Kaufpreises (60,00 €) zurückverlangen könne, weil das Spielhaus mit dieser schwer verständlichen Montageanleitung weniger wert sei. Stimmt das?

13. Andreas Jeide handelt mit Musikgeräten. Besonders beliebt sind gerade kleine tragbare Miniboxen. Eine solche Box verkauft er an Benjamin Gritten. Rund drei Monate nach dem

Verkauf erscheint Benjamin Gritten wieder im Geschäft und reklamiert die Box. Bei der Benutzung würde es immer wieder zu Störungen kommen, weil der Akku sich einfach nicht korrekt auflade. Die mobile Box könne man einfach nicht lange benutzen, denn sie müsse ständig aufgeladen werden. Andreas Jeide ist überzeugt davon, die Box in einwandfreiem Zustand übergeben zu haben. Er schaut sie sich genau an und stellt fest, dass sie von außen ziemlich ramponiert aussieht und auch ein paar kleine Beulen hat. Er meint, dass Benjamin Gritten die Box mehrfach fallengelassen habe. Das schadet natürlich auch dem Akku. Benjamin Britten verlangt die Lieferung eines neuen Geräts. Wird er das bekommen?

2.5 Arten von Kaufleuten und Unternehmensformen unterscheiden

Schemata

Arten von Kaufleuten →

- Istkaufmann
- Kannkaufmann
- Formkaufmann
- Scheinkaufmann

Gewerbe →

• Offen	= äußerlich erkennbare Tätigkeit
• Planmäßig	= planmäßig auf gewisse Dauer (Vielzahl von Geschäften)
• Erlaubt	= Tätigkeit darf nicht gegen gesetzliche Verbote oder gegen die guten Sitten verstoßen
• Gewinnerzielungsabsicht	= zum Zwecke der Gewinnerzielung
• Selbstständig	= keine Anstellung wie bei Arbeitnehmern, Beamten etc.
• Freiberuf	= Tätigkeit ist kein freier Beruf (Arzt, Rechtsanwalt, Steuerberater, Künstler, Architekt)

	Prokura (§§ 48 ff. HGB)	Handlungsvollmacht (§§ 54 ff. HGB)
Erteilung	• ausdrücklich schriftlich oder mündlich • durch Inhaber des Handelsgeschäfts oder seinen gesetzlichen Vertreter (§ 48 Abs. 1 HGB) • Erteiler muss Kaufmann sein	• schriftlich, mündlich oder stillschweigend durch Duldung • durch den Inhaber oder Prokuristen • Bevollmächtigte können im Rahmen ihrer Vollmacht Untervollmachten einräumen
Eintragung ins Handelsregister	• ja, gemäß § 53 Abs. 1 HGB eintragungspflichtig • Wirkung aber nur deklaratorisch, nicht konstitutiv	nein
Umfang	alle Arten von gerichtlichen und außergerichtlichen Geschäften und Rechtshandlungen, die der Betrieb eines Handelsgewerbes mit sich bringt (§ 49 Abs. 1 HGB)	nur branchentypische Geschäfte (§ 54 Abs. 1 HGB), die der Betrieb eines derartigen Handelsgewerbes oder die Vornahme derartiger Geschäfte gewöhnlich mit sich bringt
Ausnahmen	nicht erlaubt: • Eintragungen im Handelsregister vornehmen • Steuererklärung unterschreiben • Prokura erteilen Grundstücke dürfen nur mit besonderer Ermächtigung veräußert oder belastet werden.	zusätzlich zu den Ausnahmen beim Prokuristen auch nicht erlaubt: • Grundstücke veräußern oder belasten • Darlehen aufnehmen • Prozess führen
Arten	• **Einzelprokura** (§ 48 Abs. 1 HGB) = Berechtigung einer Person, die Vollmacht allein in vollem Umfang auszuüben • **Gesamtprokura** (§ 48 Abs. 2 HGB) = Berechtigung zweier oder mehrerer Personen, die Vollmacht gemeinschaftlich auszuüben • **Filialprokura** (§ 50 Abs. 3 HGB) = beschränkte Vollmacht auf die Geschäfte einer Filiale	• **allgemeine Handlungsvollmacht (Generalvollmacht)** = Vollmacht für alle gewöhnlichen Rechtsgeschäfte eines derartigen Handelsgeschäfts (Beispiel: Filialleiter) • **Teilvollmacht (Arthandlungsvollmacht)** = Vollmacht für alle Rechtsgeschäfte, die eine bestimmte Art von Geschäften mit sich bringt (Beispiel: Verkäufer, Kellner) • **Einzelvollmacht (Spezialhandlungsvollmacht)** = Vollmacht für einen einzelnen Geschäftsvorgang, erlischt nach Erledigung des Geschäfts (Beispiel: Bevollmächtigung eines Angestellten, eine Bestellung vorzunehmen und zu bezahlen)

	Prokura (§§ 48 ff. HGB)	Handlungsvollmacht (§§ 54 ff. HGB)
Beschränkung	• im Innenverhältnis möglich • im Außenverhältnis (gegenüber Dritten) gemäß § 50 Abs. 1 HGB nicht möglich	im Außenverhältnis möglich, aber Schutz des Dritten gemäß § 54 Abs. 3 HGB, wenn er die Beschränkung nicht kannte und nicht kennen musste
Zeichnung (nur Indizwirkung)	„pp." oder „ppa."	„i. V." oder „i. A."

Personengesellschaften

Bezeichnung	**Partnerschaftsgesellschaft (PartG)**	**Gesellschaft bürgerlichen Rechts (GbR)**	**offene Handelsgesellschaft (OHG)**	**Kommanditgesellschaft (KG)**
Rechtsgrundlage	PartGG (Partnerschaftsgesellschaftsgesetz)	§§ 705 ff. BGB	§§ 105 ff. HGB und §§ 705 ff. BGB	§§ 161 ff. HGB
Rechtspersönlichkeit	nein, aber teilrechtsfähig	nein, aber teilrechtsfähig	nein, aber gemäß § 124 Abs. 1 HGB parteifähig	nein, aber gemäß §§ 124 i. V. m. 161 Abs. 2 HGB parteifähig
Vertretung	jeder Partner	die Gesellschafter gemeinsam	jeder Gesellschafter	jeder Komplementär
Gründung	• mindestens zwei natürliche Personen, die Freiberufler sind • Eintragung ins Partnerschaftsregister	• mindestens zwei natürliche und/oder juristische Personen • keine Eintragung ins Handelsregister	• mindestens zwei natürliche und/oder juristische Personen • Eintragung ins Handelsregister	• mindestens zwei natürliche und/oder juristische Personen (Komplementär und Kommanditist) • Eintragung ins Handelsregister
Haftung	die Partner gesamtschuldnerisch	Gesellschafter gesamtschuldnerisch	Gesellschafter gesamtschuldnerisch	• Komplementäre gesamtschuldnerisch • Kommanditisten haften nur bis zur Höhe ihrer Einlage.
Firmierung	Zusatz „und Partner" oder „Partnerschaft"	GbR	OHG	KG
Kapital	kein Mindestkapital	kein Mindestkapital	kein Mindestkapital	kein Mindestkapital

Kapitalgesellschaften

Bezeichnung	Gesellschaft mit beschränkter Haftung (GmbH)	Aktiengesellschaft (AG)	Kommanditgesellschaft auf Aktien (KGaA)	Gesellschaft mit beschränkter Haftung & Compagnie Kommanditgesellschaft (GmbH & Co. KG)
Rechtsgrundlage	GmbHG (Gesetz betreffend die Gesellschaften mit beschränkter Haftung)	AktG (Aktiengesetz)	§§ 278 ff. AktG	sinngemäße Anwendung der Vorschriften über KG, GmbH und AG
Rechtspersönlichkeit	ja (§ 13 Abs. 1 GmbHG)	ja (§ 1 Abs. 1 S. 1 AktG)	ja (§ 278 Abs. 1 S. 1 AktG)	ja, wie OHG und KG (§ 124 Abs. 1 HGB)
Vertretung	Geschäftsführer	Vorstand	Vorstand, bestehend aus Komplementär	Komplementärs-GmbH, diese ihrerseits vertreten durch deren Geschäftsführer
Gründung	• mindestens zwei natürliche und/ oder juristische Personen • notarieller Vertrag • Eintragung ins Handelsregister	• mindestens eine natürliche und/ oder juristische Person • notarieller Vertrag • Eintragung ins Handelsregister	• mindestens zwei natürliche und/oder juristische Personen (Komplementär und Kommanditist) • notarieller Vertrag • Eintragung ins Handelsregister	• mindestens zwei natürliche und/oder juristische Personen (Komplementär und Kommanditist) • notarieller Vertrag für Komplementärs-GmbH • Eintragung ins Handelsregister
Haftung	nur Gesellschaftsvermögen	nur Gesellschaftsvermögen	• Komplementäre gesamtschuldnerisch • Kommanditisten haften nur bis zur Höhe ihrer Einlage.	• wie KG • Komplementärs-GmbH gesamtschuldnerisch (aber nur mit Gesellschaftsvermögen der GmbH) • Kommanditisten haften nur bis zur Höhe ihrer Einlage.
Firmierung	GmbH	AG	KGaA	GmbH & Co. KG
Kapital	mindestens 25 000,00 €	mindestens 50 000,00 €	mindestens 50 000,00 €	für Komplementärs-GmbH mindestens 25 000,00 €

Ausführlichere Informationen zu den in den Schemata zusammengefassten Themenbereichen „Arten von Kaufleuten und Unternehmensformen unterscheiden" finden Sie im Lehrbuch: Lernfeld 2, Kapitel 5 und 6.

Fälle

1. Die Rechtsanwalts- und Steuerberatungskanzlei Dr. Osorio und Partner, Partnergesellschaft, möchte den Spediteur Sander Helms mit der Abholung umfangreicher Akten aus den Büroräumen eines Mandanten für den 21.09.20.. beauftragen. Die Rechtsanwaltsfachangestellte Elmira Alaoui telefoniert vorab mit Sander Helms, spricht die Einzelheiten ab und fasst diese nochmals in einer E-Mail an ihn zusammen. Eine Bestätigung der E-Mail geht bis zum Nachmittag des 20.09.20.. nicht ein und Sander Helms ist telefonisch nicht erreichbar. Daher beauftragt Elmira Alaoui eine zweite Spedition mit der Abholung. Am 21.09.20.. erscheinen beide Spediteure und stellen der Kanzlei jeweils die Abholung in Rechnung.

a) Sander Helms betreibt die Spedition seit zwei Jahren, erwirtschaftet einen Umsatz von 65 000,00 € im Jahr und beschäftigt einen Teilzeitangestellten. Er ist nicht im Handelsregister eingetragen. Ist Sander Helms Kaufmann?

b) Inwieweit ist die Kaufmannseigenschaft im vorliegenden Fall von Bedeutung?

c) Wie ist das Verhältnis zwischen den Regelungen im HGB und BGB?

2. Raoul Rickert und Tanja Jeldrik möchten eine Gebäudereinigungsfirma gründen und sie „Putzteufel" nennen. Sie verfügen beide nur über ein geringes Kapital, das sie für Putzmittel und -geräte einsetzen möchten. Beide möchten zu gleichen Teilen an dem Unternehmen beteiligt sein und dafür haften.

a) Was ist der Unterschied zwischen einer Personen- und einer Kapitalgesellschaft?

b) Welche Gesellschaftsform würde sich in diesem Fall anbieten? Begründen Sie Ihre Antwort.

c) Wie müssen sie für die infrage kommenden Gesellschaftsformen jeweils vorgehen, um eine Gründung vorzunehmen?

d) Welche Angaben müssen Raoul Rickert und Tanja Jeldrik auf ihren Geschäftsbriefen und geschäftlichen E-Mails anbringen? Wo ist dies geregelt?

3. Die Rechtsanwaltsfachangestellte Theresa Sengelmeier erhält den Auftrag, einen Handelsregisterauszug der gegnerischen Aqua Abflussdienst KG anzufordern und zu ermitteln, wem in diesem Unternehmen Prokura erteilt wurde.

a) In welcher Abteilung des Handelsregisters findet sie diese Information?

b) Welche weiteren Informationen werden noch in den verschiedenen Abteilungen des Handelsregisters eingetragen?

c) Was bedeutet „Prokura" und wo ist sie geregelt? Durch wen und wie wird sie erteilt? Welche Wirkung hat die Eintragung ins Handelsregister?

d) Welche Arten der Prokura gibt es?

e) Was ist die Folge, wenn eine Person mit Prokura einen Vertrag für das Unternehmen abschließt?

4. Sabine Fahringer möchte in der Möbelhaus Maschner GmbH eine neue Couch kaufen. Sie verhandelt mit dem Verkäufer Ingo Hartheim über die Bedingungen und handelt einen Preisnachlass in Höhe von 200,00 € aus, da es sich um ein Ausstellungsstück handelt. Als sie eine Woche später die Couch abholen will, teilt ihr der Inhaber der GmbH mit, dass der Preisnachlass nicht wirksam sei, da die Angestellten nicht berechtigt seien, solche Nachlässe auszuhandeln.

a) Hat Sabine Fahringer Anspruch auf den ausgehandelten Preisnachlass?

b) Wie wäre der Fall zu beurteilen, wenn Ingo Hartheim Prokura vom Inhaber des Möbelhauses erhalten hätte, die jedoch nicht ins Handelsregister eingetragen wurde?

5. Muhamad Baghdadi und Laura Stegert haben die Wein & Brot KG gegründet. Muhamad Baghdadi ist dabei Kommanditist mit einer Kapitaleinlage in Höhe von 300 000,00 €, Laura Stegert Komplementärin mit einer Kapitaleinlage in Höhe von 100 000,00 €.

a) Wie haftet Muhamad Baghdadi?

b) Wie haftet Laura Stegert?

c) Wie werden Gewinn und Verlust zwischen Muhamad Baghdadi und Laura Stegert aufgeteilt?

6. Der Rechtsanwalts- und Notarfachangestellte Jannis Bedaecke soll ein Schreiben an den Gegner, die Badzubehör International GmbH & Co. KG, verfassen. Er recherchiert im Handelsregister, dass diese ihren Sitz in der Rupprechtstraße 9 in 91126 Schwabach hat. Die dazugehörige Badzubehör International Beteiligungs-GmbH hat ihren Sitz unter der gleichen Anschrift. Ihre Geschäftsführerin ist Dr. Heike Fink.

a) An wen genau muss er das Schreiben adressieren?

b) Wer haftet wie in diesem Unternehmen?

7. Die Rechtsanwaltsfachangestellte Elsa van Haven betreut eine Schadensersatzangelegenheit, in der der Gegner die Hohenstolz KGaA ist.

a) Was ist eine KGaA? In welchem Gesetz ist die KGaA geregelt? Kann gegen sie geklagt werden?

b) Durch wen wird sie vertreten?

2.6 Mahnschreiben erstellen

Schema

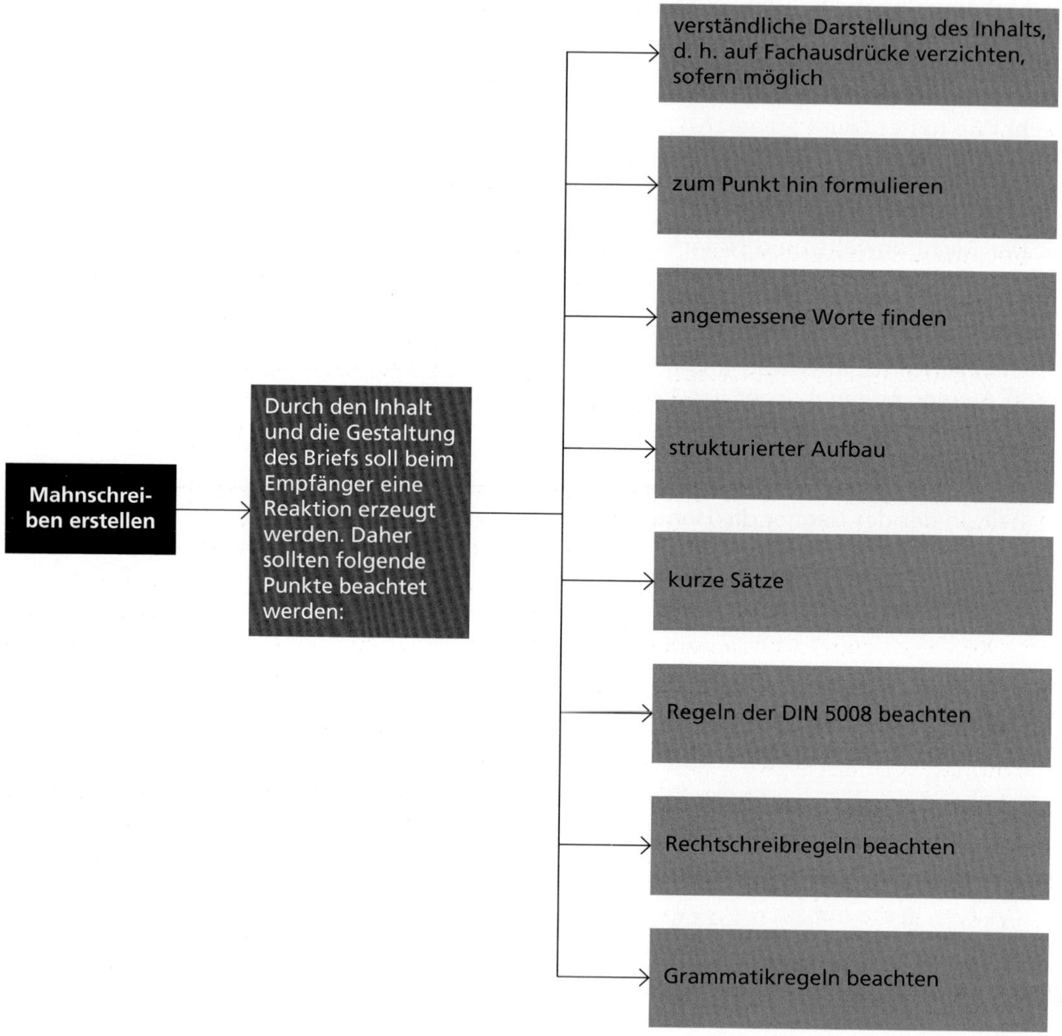

Ausführlichere Informationen zu dem in dem Schema zusammengefassten Themenbereich „Mahnschreiben erstellen“ finden Sie im Lehrbuch:

- Lernfeld 3, Kapitel 6 (Regeln der DIN 5008)
- Lernfeld 4, Kapitel 6 (Erstellen von Mahnschreiben)

Fälle

1. Der Auszubildende Daniel Korsig erhält vom Rechtsanwalt Dr. Holger Appelt am 05.11.2016 den Auftrag, die Mandantin Susan Marlow anzuschreiben. Diese hat die Kostenendabrechnung in Höhe von 618,25 €, die ihr mit Schreiben vom 15.10.2016 übersandt wurde, nicht fristgerecht beglichen. Sie soll diese nun binnen einer Frist von 14 Tagen ausgleichen. Wie könnte Daniel Korsig den Brieftext formulieren?

2. Die Rechtsanwaltskanzlei Dr. Wellinger, Koch & Kuzniak GbR vertritt Linda-Maria Kuckert in der Angelegenheit Linda-Maria Kuckert ./. Angelina Bouvier wegen Herausgabe diverser Fachbücher. Am 13.11.2016 hat die Rechtsanwältin Dr. Gerlinde Wellinger den gegnerischen Rechtsanwalt Udo Feist angeschrieben und dessen Mandantin Angelina Bouvier aufgefordert, die von ihr zu Unrecht in Besitz genommenen Fachbücher bis zum 30.11.2016 herauszugeben.
   a) Da die Frist fruchtlos verstrichen ist, übergibt die Rechtsanwältin Dr. Gerlinde Wellinger am 02.12.2016 die Akte an die Rechtsanwaltsfachangestellte Rica Mauder mit der Bitte, den gegnerischen Rechtsanwalt nochmals anzuschreiben. Es soll Bezug genommen werden auf das letzte Schreiben. Der Gegenseite soll eine letzte Frist zur Herausgabe der Fachbücher bis zum 15.12.2016 gesetzt werden. Falls die Frist wiederum fruchtlos verstreichen sollte, werden umgehend gerichtliche Schritte eingeleitet. Wie könnte Rica Mauder den Brieftext formulieren?
   b) Bei der Durchsicht der Akte stellt die Rechtsanwaltsfachangestellte Rica Mauder fest, dass die Mandantin Linda-Maria Kuckert die Kostenvorschussrechnung vom 13.11.2016 in Höhe von 320,00 € noch nicht beglichen hat, obwohl die dafür gesetzte Frist am 30.11.2016 abgelaufen ist. Sie fertigt daher ein Schreiben an die Mandantin an, mit dem sie das Schreiben an den gegnerischen Rechtsanwalt übersendet und an die Begleichung der Kostenvorschussrechnung erinnert. Der Rechnungsbetrag in Höhe von 320,00 € soll nun bis zum 15.12.2016 beglichen werden. Wie könnte Rica Mauder den Brieftext formulieren?

3. In der Angelegenheit Benjamin Bulter ./. Enrico Nataliano wegen Darlehensforderung vertritt die Rechtsanwaltskanzlei Josef Vogel den Mandanten Benjamin Bulter. Die Rechtsfachwirtin Angela Rudny hat dem Mandanten mit Schreiben vom 26.10.2016 das Schreiben des Landgerichts München I vom 23.10.2016 weitergeleitet und darum gebeten, weitere Unterlagen (aktuelle Kontoauszüge der letzten drei Monate, Kopie des Mietvertrags, aktuelle Stromabrechnung) zu übersenden, da das Gericht diese Unterlagen benötigt, um über die Bewilligung von Prozesskostenhilfe entscheiden zu können. Da die Unterlagen auch nach einer Woche noch nicht vorliegen, beantragt Angela Rudny eine Fristverlängerung von zwei Wochen und schreibt Benjamin Bulter nochmals an. Wie könnte die Rechtsfachwirtin den Brieftext formulieren?

4. Die Rechtsanwaltskanzlei Carsten Baumeister & Florian Pänkert, Partnerschaft, vertritt in der Angelegenheit Jean-Michel Wichtermann ./. Eva Heuberger den Mandanten Jean-Michel Wichtermann. Da diesem die aktuelle ladungsfähige Anschrift von Eva Heuberger nicht bekannt ist, hat die Rechtsanwaltsfachangestellte Marlies Pochert am 25.10.2016 das zuständige Einwohnermeldeamt angeschrieben und um Auskunft gebeten. Dem Schreiben wurde ein Verrechnungsscheck über 10,00 € für die entstehenden Kosten beigelegt. Da auch am 14.11.2016 noch keine Antwort vorliegt und die zuständige Stelle telefonisch nicht erreichbar ist, fertigt Marlies Pochert ein Mahnschreiben an, da die Angelegenheit eilt. Für die Erteilung der Auskunft soll eine Frist bis zum 28.11.2016 gesetzt werden. Wie könnte die Rechtsanwaltsfachangestellte den Brieftext dieses Schreibens, das der Rechtsanwalt Carsten Baumeister unterzeichnet, formulieren?

5. Die Rechtsanwältin Laura Bartosch übergibt der Auszubildenden Anna-Lena Michalski die Akte Melanie Schunkel ./. Elmar Schunkel. Da die Mandantin Melanie Schunkel bislang die Kostenvorschussrechnung vom 15.12.2016 in Höhe von 930,81 € nicht beglichen hat, soll nun eine letzte Frist zur Zahlung bis zum 10.01.2017 gesetzt werden. Falls Melanie Schunkel nicht fristgerecht bezahlt, sollen das Mandat niedergelegt und gerichtliche Schritte eingeleitet werden. Wie könnte Anna-Lena Michalski den Brieftext formulieren?

6. Die Rechtsanwaltskanzlei Emil Schreiber & Kollegen GbR vertritt Waldemar Mack-Leutner in einer rentenversicherungsrechtlichen Angelegenheit. Die Deutsche Rentenversicherung Bund hat Rechtsanwalt Emil Schreiber mit Schreiben vom 08.01.2017 darum gebeten, noch das Formular „F" auszufüllen. Dieses Formular lag dem Schreiben jedoch nicht bei. Telefonisch hat die Rechtsanwaltsfachangestellte Ingrid Scholl dies moniert und die Zusage der Sachbearbeiterin Rita Kimmken erhalten, dass sie das Formular „F" per E-Mail versenden wird. Auch am 11.01.2017 liegt das Formular „F" noch nicht vor, sodass die Rechtsanwaltsfachangestellte dieses nochmals schriftlich anfordert. Wie könnte Ingrid Scholl den Brieftext formulieren?

7. In der Angelegenheit Quentin Scharkowski ./. Ingelore Buschert hat der Rechtsanwalt Dr. Stephan Cäsar am 28.01.2017 das zuständige Grundbuchamt angeschrieben und um Übersendung des aktuellen Grundbuchauszugs für das Grundstück in Heidenheim, Hauptstraße 111, Flurnummer 1556, sowie des Überlassungsvertrags vom 13.08.2010 gebeten. Diese Unterlagen benötigt der Rechtsanwalt Dr. Stephan Cäsar für die Errechnung des erbrechtlichen Pflichtteilsanspruchs des Mandanten Quentin Scharkowski. Da auch am 25.02.2017 noch kein Posteingang verzeichnet werden konnte, bittet der Rechtsanwalt Dr. Stephan Cäsar die Rechtsanwaltsfachangestellte Mareike Köhler, das Grundbuchamt nochmals anzuschreiben. Wie könnte Mareike Köhler den Brieftext formulieren?

8. Die Rechtsanwaltskanzlei Gumpert, Ricken, Lange & Kollegen GbR vertritt Tina Schubert in der Angelegenheit Tina Schubert ./. André Weihrauch. Am 05.01.2017 hat die Rechtsanwältin Kirsten Ricken die Gegenseite angeschrieben und die Kaufpreiszahlung in Höhe von 5.630,00 € geltend gemacht. Die Gegenseite hat jedoch weder die Kaufpreiszahlung noch die aufgrund des Verzugs in Ansatz gebrachten Rechtsanwaltskosten in Höhe von 571,44 € binnen der gesetzten Frist bis zum 25.01.2017 beglichen. Die Rechtsanwältin Kirsten Ricken übergibt die Akte am 27.01.2017 daher an den Rechtsanwaltsfachangestellten Ben Reichelt mit der Bitte, die Gegenseite anzumahnen. Sofern die erneute Frist bis zum 10.02.2017 wieder fruchtlos verstreichen sollte, wird umgehend Klage erhoben. Wie könnte Ben Reichelt den Brieftext formulieren?

9. Der Rechtsanwalt Kurt-Peter Fichtner hat mit dem Mandanten Paul Benkert vereinbart, dass dieser die Kostenendabrechnung vom 16.12.2016 in Höhe von 455,50 € in monatlichen Raten à 50,00 € begleichen kann. Die Raten sind jeweils zum 30. eines Monats, erstmals zum 30.12.2016, auf eines der Kanzleikonten zu überweisen. Die ersten drei Raten zahlt Paul Benkert auch vereinbarungsgemäß. Am 30.03.2017 bleibt jedoch die Zahlung aus. Die Rechtsfachwirtin Mathilda Nowotny schreibt Paul Benkert deshalb am 03.04.2017 an. Er wird aufgefordert, die März-Rate bis zum 20.04.2017 nachzuzahlen und die Ratenzahlung zum 30.04.2017 wieder aufzunehmen. Andernfalls wird der Restbetrag der Kostenendabrechnung sofort zur Zahlung fällig und das gerichtliche Mahnverfahren eingeleitet. Wie könnte Mathilda Nowotny den Brieftext formulieren?

Teil II: Lösungen zu den Fällen aus Teil I

Prüfungsbereich 1: Kommunikation und Büroorganisation

1.1 Arbeitsaufgaben planen, durchführen und kontrollieren

1. a) Die Rechtsfachwirtin Maike Schuster erklärt Katharina Kofler, dass es in jedem Unternehmen, also auch in der Rechtsanwaltskanzlei, Grundfunktionen gibt. Hierzu gehören neben der Kanzleileitung die Leistungserstellung (z.B. Mandantengespräche), das Personalwesen (z.B. Einstellung von Rechtsanwaltsfachangestellten), die Beschaffung (z.B. von Büromaterial) und das Finanz- und Rechnungswesen (z.B. Zahlungseingänge überwachen). Aufgrund dieser vielen Funktionen ist eine betriebliche Organisation zwingend notwendig, damit alle Mitarbeiter/-innen der Rechtsanwaltskanzlei strukturiert an Arbeitsaufgaben herangehen und diese erledigen können.

   b) Katharina Kofler ordnet die Beispiele den Regelsystemen wie folgt zu:
   - Beim Ausfall der Telefonanlage handelt es sich um ein nicht alltäglich wiederkehrendes Problem. In diesem Fall muss in der Rechtsanwaltskanzlei improvisiert werden (= Improvisation), da es sich um eine vorläufige, ungeplante und neuartige Situation handelt. Sobald die Telefonanlage häufiger ausfällt, muss die Improvisation durch generelle Regelungen ersetzt werden (= Substitutionsprinzip). In diesem Fall empfiehlt es sich, eine neue Telefonanlage einbauen zu lassen.
   - Beim Einkauf von Kopierpapier handelt es sich um einen sich ständig wiederholenden gleichartigen Vorgang und somit um eine dauerhafte Regelung (= Organisation), die für längere Zeit Bestand hat.
   - Bei der jährlichen Urlaubsplanung handelt es sich um sich verändernde Gegebenheiten. Diese Regelung muss von Fall zu Fall bei ähnlichen Situationen neu festgelegt werden (= Disposition). Bei regelmäßiger Wiederkehr muss die Disposition durch generelle Regelungen bei der Urlaubsplanung ersetzt werden (= Substitutionsprinzip).

2. a) Benedikt Niedermeyer sollte eine zeitorientierte Ablauforganisation erstellen, da so Beginn/Ende/Dauer der betrieblichen Fortbildung aufgezeigt werden. Der Ablauf der betrieblichen Fortbildung wird so zeitlich optimiert abgestimmt.

b) Lösungsbeispiel:

Teilnehmer	Tage der betrieblichen Fortbildung			
	5. November	**6. November**	**7. November**	**8. November**
RA Thilo Ledermann				
RAin Paula Lehrieder				
RAin Carina Hubertus				
Nico Schättler				
Alexandra Ponte				
Julika Reinerts				
Emilia Ingbrandtsen				
Benedikt Niedermeyer				

c) Die Rechtsfachwirtin Caroline Neuerts-Bauer stellt die funktions- und raumorientierte Ablauforganisation wie folgt vor:

- Zur Feststellung, in welcher Reihenfolge die einzelnen Arbeitsschritte optimal ausgeführt werden, werden die Arbeitsabläufe bei der funktionsorientierten Ablauforganisation in einzelne Arbeitsschritte zerlegt. Es gibt zwei Möglichkeiten, die einzelnen Schritte zu erfassen: entweder durch Befragung von Fachkräften oder durch Beobachtung der Mitarbeiter/-innen.
- Die raumorientierte Ablauforganisation ist die Grundlage für die Arbeitsplatzgestaltung in einem Betrieb. Ihr Ziel ist es, die Transportwege für Materialien gering zu halten bzw. den Informationsaustausch zu vereinfachen, sodass Stellen, die häufig zusammenarbeiten, möglichst nahe beieinanderliegen sollten. So wird eine größtmögliche Wirtschaftlichkeit erreicht.

3. a) Lösungsvorschlag:

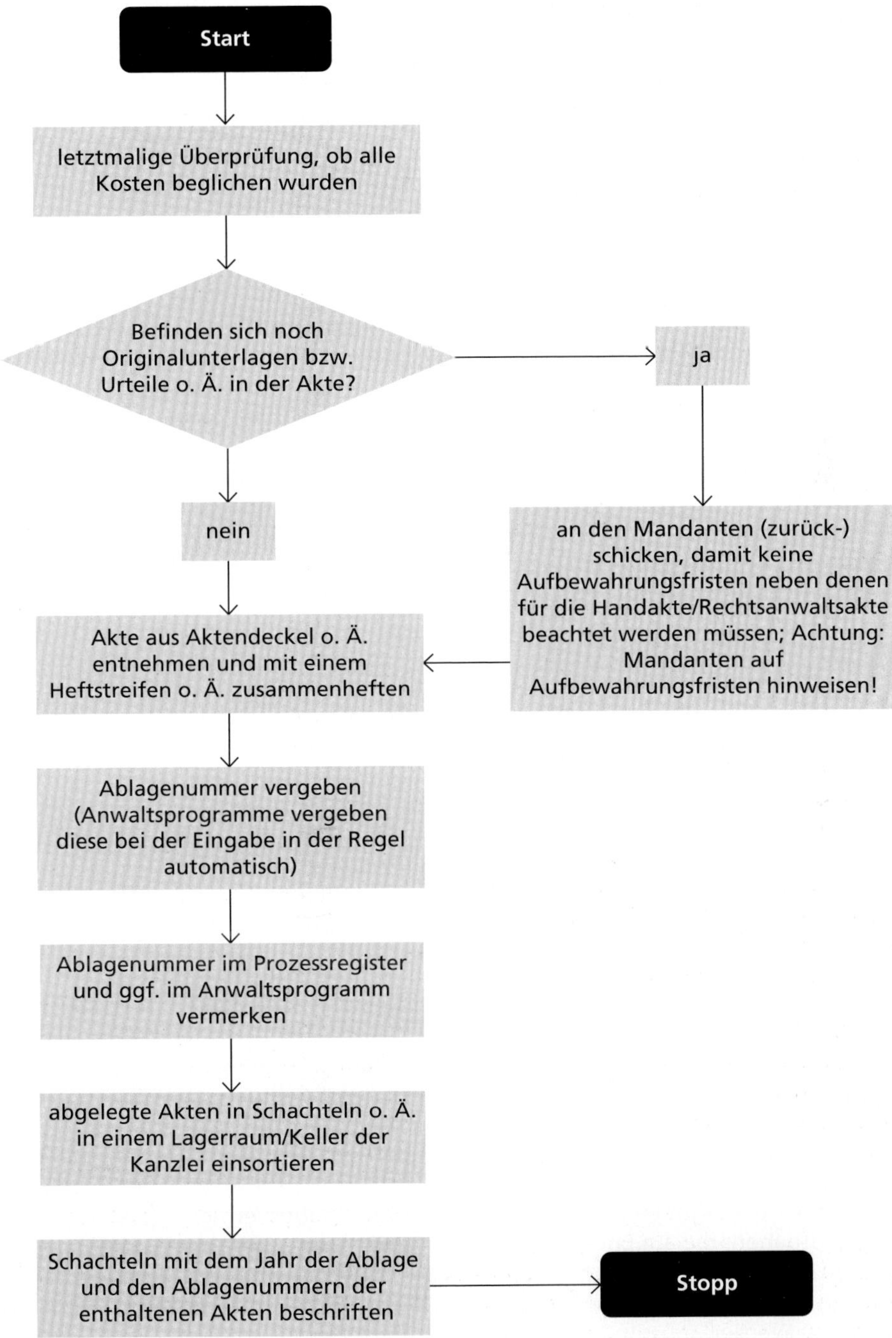

b) Die Akten „Prust ./. Schiffer wegen Herausgabe diverser geliehener Gegenstände" und „Wagenhäuser ./. Perisic wegen Beleidigung" kann Silke Praußе ohne weitere Vorarbeiten direkt ablegen, da die Kosten alle beglichen wurden und sich keine Unterlagen in den Akten befinden, die zurückgesandt werden müssten. Silke Prauße erledigt daher folgende Punkte:

- Akten aus Aktendeckeln entnehmen und mit Heftstreifen zusammenheften
- Die individuelle Ablagenummer für die Akten wird vom Anwaltsprogramm bei der Eingabe automatisch vergeben und abgespeichert.
- Ablagenummer für die Akten im Prozessregister eintragen
- Akten in Schachteln sortieren, die im Lagerraum der Rechtsanwaltskanzlei stehen
- Schachteln mit dem Jahr der Ablage und den Ablagenummern der enthaltenen Akten beschriften

In den weiteren Akten befinden sich jeweils Unterlagen/Urteile o. Ä., die vor der Aktenablage an den jeweiligen Mandanten zurückgeschickt werden müssen. Dabei sollte Silke Prauße auf die jeweils zu beachtenden Aufbewahrungsfristen hinweisen. Anschließend kann Silke Prauße die Akten wie vorgehend beschrieben ablegen.

4. a) Bei der Bearbeitung der Wiedervorlagen und der eingehenden Post sowie bei der Abrechnung der Handakten handelt es sich um nicht standardisierte Tätigkeitsbereiche der Rechtsfachwirtin Susanne Dornreiter-Hagen, da sie individuelle Schreiben bzw. Abrechnungen erstellen oder Telefonate führen muss.

b) Susanne Dornreiter-Hagen behält den Überblick über noch zu erledigende Arbeiten, indem sie eine Zeitmanagement-Methode, z. B. die To-do-Liste oder die ABC-Methode, einsetzt.

5. a) Rica Hambacher stellt die Arbeit mit der To-do-Liste wie folgt vor:

- Auf der To-do-Liste werden alle zu erledigenden Aufgaben untereinander notiert.
- Sobald eine Aufgabe erledigt ist, wird diese durchgestrichen.
- So wird der Überblick über erledigte und noch zu erledigende Aufgaben gewährleistet.
- Tägliche Arbeiten sind jedoch nicht gekennzeichnet und ein Übertrag zum nächsten Tag ist nicht möglich. Ebenso erkennt man die Aufgaben nicht, die ggf. auch am nächsten Tag erledigt werden können.

Franziska Schäffler stellt die Arbeit mit der ABC-Methode wie folgt vor:

- Bei der ABC-Methode werden die zu erledigenden Aufgaben in drei Kategorien eingeteilt:
  - A-Aufgaben = sehr wichtig und dringend; sofort erledigen
  - B-Aufgaben = wichtig, nicht so dringend; Termin setzen, ggf. delegieren
  - C-Aufgaben = nicht wichtig; Routineaufgaben
- Alle Aufgaben werden in eine Tabelle übernommen, die Akten entsprechend der Aufgabeneinteilung sortiert.
- Sobald eine Aufgabe erledigt ist, wird ein Erledigungsvermerk gesetzt.
- Die Aufgaben, die am Ende des Tages keinen Erledigungsvermerk tragen, werden auf den nächsten Tag übertragen. So wird ein Überblick über alle zu erledigenden Aufgaben gewährleistet, insbesondere über die Aufgaben, die wichtig sind und dringend erledigt werden müssen.
- Die Einordnung in Kategorien ist nicht immer einfach möglich. Hier muss ggf. der zuständige Rechtsanwalt um Rat gefragt werden.

b) Rica Hambacher erklärt Eva Grozinsky, dass sich die Eisenhower-Methode natürlich auch für den Einsatz in einer Rechtsanwaltskanzlei eignet, genauso wie jede andere Zeitmanagement-Methode auch.

c) Wenn Eva Grozinsky die Eisenhower-Methode anwendet, muss sie die von ihr zu erledigenden Arbeiten in vier Kategorien einteilen:
- dringend und wichtig: Die Aufgaben sind sofort selbst zu erledigen.
- dringend, aber unwichtig: Die Aufgaben werden an eine andere Person delegiert, die diese zu bearbeiten hat.
- nicht dringend, aber wichtig: Für die Aufgaben wird ein neuer Bearbeitungstermin festgelegt.
- nicht dringend und unwichtig: Die Aufgaben werden erst gar nicht in Angriff genommen, da eine Nichterledigung keinen Schaden verursacht. Gegebenenfalls vorhandene Unterlagen landen also im Papierkorb.

d) Rica Hambacher, Franziska Schäffler und Eva Grozinsky müssen zwingend „Pufferzeiten" einplanen, denn es kann immer wieder etwas Unvorhergesehenes dazwischenkommen, sodass die Aufgabenbearbeitung angepasst werden muss.

6. Jean-Michel Fichtner sollte die beiden Fristsachen, die am darauffolgenden Tag erledigt werden müssen, an einen anderen Mitarbeiter bzw. eine andere Mitarbeiterin der Rechtsanwaltskanzlei Nora Kingsley abgeben, damit diese fristgerecht erledigt werden können.

7. a) Die Rechtsfachwirtin Rosalie Hastings muss den Prozessablaufplan „Mandanten empfangen" den neuen Gegebenheiten anpassen. Dabei sollte sie den kontinuierlichen Verbesserungsprozess (PDCA) anwenden. Dies bedeutet Folgendes:
- Sie plant die Umstrukturierung des Prozessablaufplans.
- Sie setzt den Prozessablaufplan um.
- Sie überprüft, ob der Prozessablaufplan fehlerfrei bzw. schlüssig durchzuführen ist.
- Sofern der Prozessablaufplan nochmals geändert werden muss, passt sie ihn noch einmal an.

b) Es wird erreicht, dass durch die Standardisierung dieses Arbeitsablaufs eine gleichbleibende Qualität in der Kanzleiorganisation der Rechtsanwaltskanzlei Dr. Rudkowski, Lindt und Rikeit GbR sichergestellt bzw. eine höhere Qualität erreicht wird. In diesem Fall kommt es zusätzlich zu einer Kosteneinsparung, da der Zeitaufwand des Rechtsanwalts bzw. der Rechtsanwältin durch das Ausfüllen des Mandatsaufnahmebogens vor der eigentlichen Besprechung minimiert wird.

c) Lösungsbeispiel:

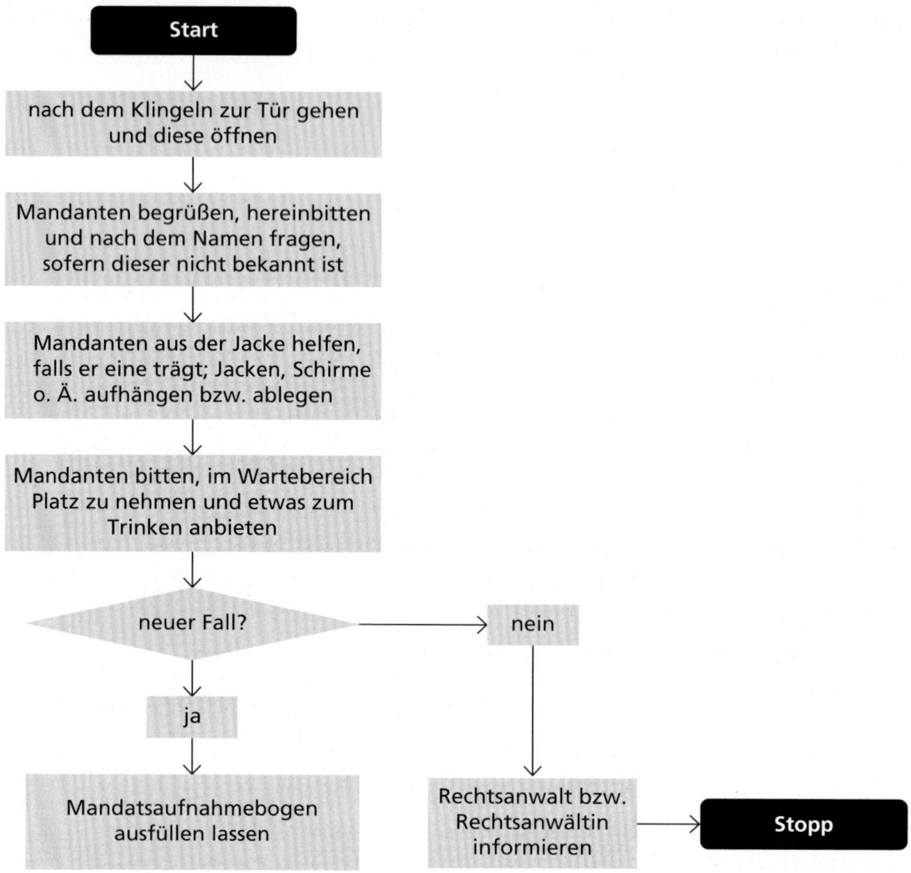

d) Rosalie Hastings muss nach der Anpassung des Prozessablaufplans folgende Schritte unternehmen:

- Sie passt noch die zum Prozessablaufplan gehörenden Arbeitsanweisungen an.
- Sodann sollte der Prozessablaufplan „Mandanten empfangen" mit den dazugehörenden Arbeitsanweisungen allen Mitarbeitern und Mitarbeiterinnen im Sekretariat der Rechtsanwaltskanzlei Dr. Rudkowski, Lindt und Rikeit GbR zur Kenntnisnahme gegeben bzw. schriftlich (z. B. mithilfe einer E-Mail) darauf hingewiesen werden.
- Anschließend sollte Rosalie Hastings den Prozessablaufplan und die dazugehörenden Arbeitsanweisungen im sogenannten Kanzleihandbuch abheften bzw. die Datei in einem für alle Mitarbeiter/-innen zugänglichen Laufwerk abspeichern. Das Kanzleihandbuch steht allen Mitarbeiter/-innen immer zur Verfügung, sodass diese bei Bedarf jederzeit nachlesen können.

e) Rosalie Hastings erklärt Lisa Fritzsch, dass der Unterschied zwischen einem Prozessablaufplan und den dazugehörenden Arbeitsanweisungen darin liegt, dass die Arbeitsanweisungen ins Detail gehen. Dies bedeutet also, dass in den Arbeitsanweisungen genau aufgelistet ist, welche Punkte der Reihe nach abgearbeitet werden müssen.

f) Lösungsvorschlag:

einzelne Arbeitsschritte des Prozessablaufplans „Mandanten empfangen"	**Arbeitsanweisungen zu den einzelnen Arbeitsschritten**
nach dem Klingeln zur Tür gehen und diese öffnen	• freundlich lächeln • keine Akten, Gläser o. Ä. in der Hand halten
Mandanten begrüßen, hereinbitten und nach dem Namen fragen, sofern dieser nicht bekannt ist	• freundlich lächeln • altersgerecht begrüßen, z. B. „Hallo" bei jüngeren Mandanten oder „Guten Tag" bei älteren Mandanten • höflich nach dem Namen fragen
Mandanten aus der Jacke helfen, sofern er eine trägt; Jacken, Schirme o. Ä. aufhängen bzw. ablegen	• vorsichtig aus der Jacke helfen • Jacke an der Garderobe aufhängen • Kleiderbügel bereithalten
Mandanten bitten, im Wartebereich Platz zu nehmen, und etwas zum Trinken anbieten	• saubere Gläser bzw. Tassen bereithalten • Wasserflasche holen und einschenken • Kaffee oder Tee kochen und mit Milch und Zucker servieren
ggf. Mandatsaufnahmebogen ausfüllen lassen, sofern es sich um einen neuen Fall handelt	Mandatsaufnahmebogen, Kugelschreiber und Schreibunterlage bereithalten
Rechtsanwalt bzw. Rechtsanwältin informieren	• Information durch internen Anruf • Information durch Klopfen an der Tür • ggf. Schreibtisch/Besprechungsraum aufräumen/herrichten

8. a) Anne Scheller muss darauf achten, dass im Zusammenhang mit dem Qualitätssiegel richtig geworben wird, denn die Zertifizierung nach DIN EN ISO 9001 bezieht sich nur auf die Arbeitsabläufe in der Kanzleiorganisation, also auf die interne Qualitätskontrolle, nicht auf die rechtliche Beratung und Vertretung durch die Rechtsanwälte.

b) Anne Scheller nennt der Auszubildenden Julika Kestler folgende Vorteile der Zertifizierung nach DIN EN ISO 9001:

- Die internen Arbeitsabläufe werden transparenter.
- Eine schnellere Einarbeitung neuer Mitarbeiter/-innen ist möglich.
- Durch eine effizientere Arbeitsweise werden die Kanzleikosten reduziert.
- Arbeitsabläufe innerhalb der Rechtsanwaltskanzlei werden durch das Erstellen von Arbeitsanweisungen verbindlich festgehalten.
- Das Haftungsrisiko wird durch die Regelung der Arbeitsabläufe (z. B. bei der Fristwahrung) minimiert.
- Alle Rechtsanwälte/Rechtsanwältinnen und Mitarbeiter/-innen einer Rechtsanwaltskanzlei werden in die Qualitätssicherung einbezogen, sodass dadurch die Teamarbeit gefördert wird.

1.2 Post bearbeiten und Akten verwalten

1. Melissa Szermak muss wie folgt vorgehen:
- Zunächst muss sie kontrollieren, ob sich außer dem Brief noch etwas in der Briefhülle befindet.
- Anschließend muss sie den Brief von Dieter Kurtze mit dem Eingangsstempel versehen und ggf. durch Einscannen digitalisieren, sofern die Rechtsanwaltskanzlei Dr. Veist & Kollegen GbR bereits mit elektronischen Akten arbeitet.
- Da Dieter Kurtze mitteilt, dass er ab dem Ersten des kommenden Monats eine neue Anschrift sowie eine neue Telefonnummer hat, sollte Melissa Szermak diese neuen Daten bereits im Handaktenbogen und ggf. im Anwalts-/Notariatsprogramm und im Prozessregister aufnehmen mit dem Hinweis, dass diese Daten ab dem Ersten des kommenden Monats gelten.
- Sobald dies geschehen ist, ist ein Erledigungsvermerk auf dem Schreiben von Dieter Kurtze dahingehend anzubringen, dass die Daten bereits notiert wurden.
- In diesem Fall muss die Akte nicht dem zuständigen Sachbearbeiter vorgelegt werden, da es sich lediglich um eine Änderung der Adress- und Telefondaten gehandelt hat, sodass Melissa Szermak die Akte wieder in den Aktenschrank hängen kann.

2. a) Thorsten Schmidgall geht wie folgt vor:
- In den Handaktenbogen bzw. in das Anwalts-/Notariatsprogramm muss er zunächst die Stammdaten von Christian Bauer aufnehmen bzw. eingeben, die dieser im Mandatsaufnahmebogen angegeben hat, also bspw. die Anschrift, Telefon- und Handynummer, E-Mail-Adresse usw.
- Anschließend muss ein neues Aktenzeichen für den Fall vergeben werden. Sofern ein Anwalts-/Notariatsprogramm verwendet wird, vergibt dieses in der Regel automatisch das neue Aktenzeichen.
- Der Fall „Christian Bauer wegen mietrechtlicher Beratung" muss sodann im Prozessregister mit dem neu vergebenen Aktenzeichen notiert werden.
- In den Aktendeckel o. Ä. wird nun zunächst der Handaktenbogen (in der Regel bestehend aus einem Deckblatt mit den Mandatsdaten und Platz für einzutragende Wiedervorlagen und Fristen, einem Ausgabenblatt für Porto und Kopien sowie einem Kostenblatt für eingehendes/ausgehendes Honorar/Fremdgeld u. a.) eingeheftet. Der Handaktenbogen wird von den Anwalts-/Notariatsprogrammen automatisch nach der Eingabe der Mandatsdaten erstellt und muss nur noch ausgedruckt werden. Für den Fall, dass kein Anwalts-/Notariatsprogramm verwendet wird, muss dieser manuell erstellt werden.
- Bevor die Unterlagen dann in die Akte geheftet werden können, muss Thorsten Schmidgall diese chronologisch sortieren. Je nachdem, ob die Behördenheftung (= das neueste Schriftstück wird unten angeheftet) oder die kaufmännische Heftung (= das neueste Schriftstück wird oben aufgeheftet) in der Rechtsanwaltskanzlei Dr. Gudrun Illgner verwendet wird, sind die Unterlagen, also der Mandatsaufnahmebogen, der Besprechungsvermerk, der Mietvertrag in Kopie sowie der Quittungsbeleg, zu sortieren und in den Aktendeckel o. Ä. zu heften.
- Anschließend muss Thorsten Schmidgall den Aktendeckel noch beschriften, z. B. indem er einen Aktenreiter mithilfe des Computers/Druckers mit „Bauer, Christian wegen mietrechtlicher Beratung" anfertigt.
- Zuletzt ist der von Christian Bauer in bar bezahlte Betrag in Höhe von 226,10 € noch in die Kanzleikasse einzulegen und entsprechend zu verbuchen.

b) Thorsten Schmidgall geht bei der Bearbeitung des Postausgangs wie folgt vor:
- Zunächst muss er die Unterschriftenmappe der Rechtsanwältin Dr. Gudrun Illgner vorlegen, damit diese die angefertigten Schreiben unterzeichnet.
- Anschließend sollte er nochmals die Richtigkeit der Anschrift von Christian Bauer überprüfen und kontrollieren, ob dem Anschreiben auch die Anlage (in diesem Fall die Kostenrechnung) beiliegt und ob diese auch beide unterschrieben wurden.
- Sofern die Rechtsanwaltskanzlei Dr. Gudrun Illgner ein Postausgangsbuch führt, muss Thorsten Schmidgall den ausgehenden Brief an Christian Bauer darin vermerken.
- Sodann ist der Brief zu falten, zu kuvertieren und das Porto zu bestimmen. Bei der Bestimmung des Portos kann Thorsten Schmidgall ggf. eine Briefwaage heranziehen. Da es sich vorliegend aber nur um zwei Seiten handelt, die an Christian Bauer versandt werden, beläuft sich das Porto auf 0,70 €, da das Gewicht 20 Gramm bei Zugrundelegung eines Standardpapiers DIN-A4 à 80 g/m² nicht übersteigt (Stand: 01.01.2016).
- Zuletzt muss der Brief noch frankiert werden. Dies kann z. B. mit der klassischen Briefmarke erfolgen oder mit einer Frankiermaschine o. Ä.

c) Thorsten Schmidgall geht bei der Aktenablage wie folgt vor:
- Er überprüft zunächst, ob sich Originalunterlagen des Mandanten o. Ä. in der Akte befinden. Dies ist vorliegend nicht der Fall, da Christian Bauer den Mietvertrag lediglich in Kopie vorgelegt hat.
- Anschließend entnimmt Thorsten Schmidgall die Akte aus dem Aktendeckel o. Ä., heftet sie z. B. mithilfe eines Heftstreifens zusammen und versieht sie mit einer Ablagenummer.
- Die Ablagenummer trägt er sodann im Prozessregister und/oder im Anwaltsprogramm ein, ebenso wie das Ablagedatum.
- Zuletzt muss er die Akte zur Archivierung geben. Hierzu dient z. B. eine Schachtel, die in einem Lagerraum o. Ä. der Rechtsanwaltskanzlei steht. Wichtig ist, dass die Schachtel o. Ä. genau beschriftet wird (z. B. mit dem Jahr der Ablage und der Ablagenummer der enthaltenen Akten), damit die Akten jederzeit wieder einfach herausgesucht werden können.

3. a) In diesem Fall reicht es aus, wenn Tina Meusert die Briefsendung mithilfe eines Standardbriefs à 0,70 € (Stand: 01.01.2016) versendet, denn die Briefsendung beinhaltet lediglich das Anschreiben sowie die Kostenrechnung, also zwei Seiten.

b) In diesem Fall sollte Tina Meusert die Briefsendung mittels eines Großbriefs à 1,45 € (Stand: 01.01.2016) versenden, da der Schriftsatz 15 Seiten umfasst, also insgesamt 45 Seiten (15 Seiten Originalschriftsatz für das Landgericht, 15 Seiten für die beglaubigte Abschrift für den gegnerischen Rechtsanwalt, 15 Seiten für die einfache Abschrift für den Gegner), und somit eine Versendung per Standard- oder Kompaktbrief nicht mehr möglich ist.

c) Tina Meusert wird den Unterlagenordner mithilfe eines Päckchens an Rosa Mrazek zurücksenden. Sofern es sich um eine versicherte Sendung handeln soll, muss als Versendungsform das Paket gewählt werden. Hier wird bei Verlust und/oder Beschädigung ein Betrag von bis zu 500,00 € (Stand: 01.01.2016) erstattet.

d) Hier eignet sich grundsätzlich die „Dialogpost", da in diesem Fall jeder Briefinhalt bezüglich der Anzahl und Beschaffenheit, der Gestaltung der Umhüllung und des Formats sowie der Anzahl und der Werte der verwendeten Postwertzeichen (Absenderstempelung und Frankierservice) gleich ist. Es sind jedoch bestimmte Mindestmengen zu beachten, die Tina Meusert überprüfen muss.

e) Tina Meusert sollte das Aufforderungsschreiben mithilfe der besonderen Versendungsform „Einschreiben" in Kombination mit „Rückschein" versenden. Durch das Einschreiben wird dokumentiert, dass die Briefsendung bei der Deutschen Post AG aufgegeben und das Schriftstück an den Empfänger zugestellt wurde. Der Rückschein ist eine vorbereitete Empfangsbestätigung des Empfängers. Bei der Übergabe der Sendung quittiert der Empfänger den Erhalt der Sendung, die Deutsche Post AG gibt den Rückschein wieder in die Post und schickt ihn an den Absender des Briefs zurück.

f) Tina Meusert sollte die Unterlagen in diesem Fall per Luftpost an Elijah Bradow senden. Dies bedeutet, dass auf der Briefsendung ein kleiner Vermerk „Luftpost" anzubringen ist. Damit wird die Briefsendung auf schnellstem Weg ins Ausland versandt. Diese Leistung der Deutschen Post AG kostet keinen Aufpreis, die Portokosten für Briefsendungen ins Ausland sind jedoch grundsätzlich teurer als die Portokosten im Inland (Stand: 01.01.2016).

4. Barbara Aschöner darf diese Briefsendung auf keinen Fall selbst öffnen. Sie muss auf dem geschlossenen Briefumschlag den Eingangsstempel anbringen und den Brief der Rechtsanwältin Anita Treptow vorlegen.

5. Sabrina Lönnertz stellt der Referendarin die verschiedenen Ablagetechniken wie folgt vor:

- Die Loseblatt-Ablage erfolgt z. B. mit Aktendeckeln. Hierin werden die Dokumente/Schriftstücke ungelocht eingelegt. Auch wenn diese Möglichkeit der Ablage zeitsparend ist, so besteht doch die Gefahr, dass Unterlagen verloren gehen. Gegebenenfalls wird auch mehr Zeit beim Heraussuchen eines Dokuments/Schriftstücks benötigt. Verwendet wird die Loseblatt-Ablage z. B. bei der Sammlung von Einladungen zu Fortbildungsveranstaltungen o. Ä.
- Bei der gehefteten Ablage werden die Dokumente/Schriftstücke gelocht in Aktendeckeln, Ordnern, Heftstreifen o. Ä. abgelegt, sodass eine sichere Aufbewahrung der Unterlagen und ein besseres Wiederfinden gewährleistet sind. Verwendet wird die geheftete Ablage meist für das Führen von Handakten, also den Schriftwechsel mit dem Mandanten, mit dem Gericht, Behörden und mit der Gegenseite o. Ä.
- Die gebundene Ablage erfolgt durch Buch-, Klemm- oder Spiralbindung. Durch die Bindung können die chronologisch geordneten Unterlagen nicht verloren gehen. Nachträglich lässt sich jedoch auch nichts mehr einordnen. Verwendet wird die gebundene Ablage bei der Erstellung von Verkehrswertgutachten o. Ä.

6. Jan Niederau muss die Handakten im Aktenschrank in folgende alphabetische Ordnung bringen:

- Auer, Jan-Frieder
- Bundesagentur für Arbeit
- Bundesministerium der Finanzen
- 123 Telefonie GmbH
- GdL
- Juelka, Fridolin
- Jülka, Theodor
- Meyer, Jens
- Polizeiinspektion München
- Richter, A.
- Richter, Kurt
- Treznewski-Schott, Eva
- Verein der Fußballexperten

7. a) Sina Bernert heftet die Unterlagen bei der Anwendung der Behördenheftung wie folgt in die Handakte:

- Nach dem bereits in der Handakte befindlichen Mandatsaufnahmebogen und dem Besprechungsvermerk vom 14.07.2016 folgt zunächst das Anschreiben des Mandanten Ben Schnarkowski vom 29.07.2016. Dahinter werden dann die Anlagen zum Mandantenschreiben wie folgt abgeheftet:
- Mietvertrag über die gemietete Wohnung Nr. 5 vom 23.06.2000
- Mietvertrag über die gemietete Garage Nr. 2 vom 25.12.2008
- Nachtrag zum Mietvertrag über die gemietete Wohnung Nr. 5 vom 25.08.2010
- Nebenkostenabrechnung für das Jahr 2013 vom 25.07.2014
- Nebenkostenabrechnung für das Jahr 2014 vom 13.06.2015
- Nebenkostenabrechnung für das Jahr 2015 vom 01.07.2016

Somit ist gewährleistet, dass das Anschreiben des Mandanten als neuestes Schreiben unten angeheftet ist. Diesem Schreiben liegen dann die darin genannten Unterlagen chronologisch geordnet bei.

b) In diesem Fall heftet Sina Bernert auf den Mandatsaufnahmebogen und den Besprechungsvermerk vom 14.07.2016 die Unterlagen des Mandanten Ben Schnarkowski wie folgt:

- Nebenkostenabrechnung für das Jahr 2015 vom 01.07.2016
- Nebenkostenabrechnung für das Jahr 2014 vom 13.06.2015
- Nebenkostenabrechnung für das Jahr 2013 vom 25.07.2014
- Nachtrag zum Mietvertrag über die gemietete Wohnung Nr. 5 vom 25.08.2010
- Mietvertrag über die gemietete Garage Nr. 2 vom 25.12.2008
- Mietvertrag über die gemietete Wohnung Nr. 5 vom 23.06.2000
- Anschreiben des Mandanten Ben Schnarkowski vom 29.07.2016

Somit ist gewährleistet, dass das Anschreiben des Mandanten als neuestes Schreiben oben aufgeheftet ist. Diesem Schreiben liegen dann die darin genannten Unterlagen chronologisch geordnet bei.

8. Linda Stromberg muss in diesem Fall bei der Ablage der Handakte wie folgt vorgehen:

- Sie muss zunächst die vollstreckbare Ausfertigung des Urteils und des Kostenfestsetzungsbeschlusses sowie ggf. weitere noch in der Akte befindliche Originalunterlagen an Marina Martinelli übersenden, damit die gesetzliche Aufbewahrungsfrist von 30 Jahren für die vollstreckbaren Ausfertigungen nicht mehr beachtet werden muss. Hier muss sie darauf achten, dass sie Marina Martinelli auf die Aufbewahrungsfrist hinweist.
- Anschließend entnimmt Linda Stromberg die Akte aus dem Aktendeckel o. Ä., heftet sie z. B. mithilfe eines Heftstreifens zusammen und versieht sie mit einer Ablagenummer.
- Die Ablagenummer trägt sie sodann im Prozessregister und/oder im Anwaltsprogramm ein, ebenso wie das Ablagedatum.
- Zuletzt muss Linda Stromberg die Akte noch zur Archivierung geben. Hierzu dient z. B. eine Schachtel, die in einem Lagerraum o. Ä. der Rechtsanwaltskanzlei steht. Wichtig ist, dass die Schachtel o. Ä. genau beschriftet wird (z. B. mit dem Jahr der Ablage und der Ablagenummern der enthaltenen Akten), damit die Akten jederzeit wieder einfach herausgesucht werden können.

9. a) Bei dem Prospekt über einen Kaffeeautomat handelt es sich um Schriftgut mit Tageswert. Nina Capelli kann den Prospekt daher nach der Kenntnisnahme durch die Rechtsfachwirtin vernichten, da der Prospekt nur einmalige Informationen enthält.
   b) Bei der Patenturkunde handelt es sich um Schriftgut mit Dauerwert. Lea Markewitsch sollte den Mandanten also dringend darauf hinweisen, dass die Patenturkunde dauerhaft aufbewahrt werden muss, da sie wertvolle Informationen beinhaltet.
   c) Bei Buchungs- und Steuerunterlagen handelt es sich um Schriftgut mit Gesetzeswert, d. h., diese Unterlagen müssen über eine gesetzlich vorgeschriebene Zeit, nämlich zehn Jahre gemäß § 147 AO, aufbewahrt werden. Die Aufbewahrungsfrist beginnt dabei immer mit dem Schluss des Kalenderjahrs, in dem die letzte Handlung vorgenommen wurde. Sarah Bauer kann somit nur die Buchungs- und Steuerunterlagen vernichten, die bereits länger als zehn Jahre aufbewahrt wurden.
   d) Bei dem Rundschreiben der Rechtsanwaltskammer handelt es sich um Schriftgut mit Tageswert. Dies bedeutet, dass Sarah Bauer das Rundschreiben nach der Kenntnisnahme vernichten kann, da es nur einmalige Informationen enthält.
   e) Bei einer Bestellung handelt es sich um Schriftgut mit Prüfwert. Dies bedeutet, dass Timo Kohrmann die Bestellung und somit die Warenlieferungen immer wieder prüfen und auf den aktuellen Stand bringen muss, bis alle bestellten Artikel vorliegen.
   f) Bei der vollstreckbaren Ausfertigung des Urteils sowie den Vollstreckungsunterlagen handelt es sich um Schriftgut mit Gesetzeswert, das über eine gesetzlich vorgeschriebene Zeit, nämlich 30 Jahre lang, aufbewahrt werden muss. Die Aufbewahrung beginnt immer mit dem Schluss des Kalenderjahrs, in dem die letzte Handlung vorgenommen wurde. Wenn also Nina Capelli diese Unterlagen an den Mandanten mit dem Hinweis auf die gesetzliche Aufbewahrungsfrist zurücksendet, ist die 30-Jahres-Frist bei der Archivierung in der Rechtsanwaltskanzlei nicht mehr zu beachten.

10. a) Kirsten Hansen prüft einmal im Jahr, welche Akten aufgrund der abgelaufenen Aufbewahrungsfrist vernichtet werden können.
   b) Kirsten Hansen muss folgende gesetzlich vorgeschriebene Aufbewahrungsfristen beachten:
      - Handakten (= Schriftstücke, die der Rechtsanwalt aus Anlass der Tätigkeit vom Mandanten oder für ihn erhalten hat; Ausnahme: Schriftstücke, die der Mandant bereits als (Ur-)Abschrift erhalten hat) müssen gemäß § 50 BRAO fünf Jahre lang aufbewahrt werden. Diese Aufbewahrungsfrist erlischt jedoch bereits vor diesem Zeitraum, wenn der Mandant sechs Monate lang der Aufforderung durch den Rechtsanwalt, die Handakten in Empfang zu nehmen, nicht nachgekommen ist.
      - Rechtsanwaltsakten (= empfangene oder abgesandte Geschäftsbriefe, also der weitere Schriftverkehr) müssen gemäß § 147 AO sechs Jahre lang aufbewahrt werden. Da jedoch anwaltliche Haftungsansprüche ggf. erst nach zehn Jahren verjähren, empfiehlt es sich, Rechtsanwaltsakten zehn Jahre lang aufzubewahren.
      - Titel und Vollstreckungsunterlagen müssen 30 Jahre lang aufbewahrt werden. Sofern sich also solche Unterlagen noch in den Akten befinden, dürfen diese nicht vor Ablauf der 30-Jahres-Frist vernichtet werden.
   c) Kirsten Hansen darf die Akten nicht einfach in den Papierkorb bzw. in den Müll geben. Die Akten müssen zuvor mittels eines Aktenvernichters („Schredder") unleserlich gemacht werden. Sinnvoller ist es jedoch, eine Firma zu beauftragen, die die Aktenvernichtung übernimmt, z. B. durch Papierverbrennung.
   d) Sofern die Akten elektronisch archiviert werden, muss die Rechtsanwaltskanzlei Andersen, Christ & Partner GbR die Dokumente nicht mehr in Papierform aufbewahren. Ausgenommen hiervon sind jedoch u. a. Eröffnungsbilanzen und Jahresabschlüsse. Kirsten

Hansen muss für die elektronische Ablage die gleichen gesetzlichen Aufbewahrungsfristen wie für die herkömmliche Aufbewahrung der Akten in Papierform beachten.

e) Bei der elektronischen Ablage muss Kirsten Hansen beachten, dass die Unveränderbarkeit gegenüber dem Original gewährleistet sein muss (z. B. ein Abspeichern des Dokuments im PDF-Format). Weiterhin muss sichergestellt sein, dass die Unterlagen jederzeit während der Aufbewahrungszeit verfügbar sind und lesbar gemacht werden können. Kirsten Hansen muss deshalb darauf achten, dass die Daten regelmäßig auf technisch aktuelle Datenträger umgespeichert werden, da z. B. Daten auf Disketten mittlerweile aufgrund der eingeschränkten Verfügbarkeit von Laufwerken schwierig lesbar sind.

11. Daniela Kuhn stellt Vanessa Lindholm die verschiedenen Registratursysteme wie folgt vor:
- Die liegende Registratur wird für die Archivierung der Akten verwendet und für Akten mit seltenem Zugriff, z. B. Akten, die einmal im Jahr benötigt werden, um zu prüfen, ob etwas zu unternehmen ist, bspw. in einem Insolvenzverfahren. Diese Akten werden z. B. in Ablageboxen oder Regalen gelagert.
- Die stehende bibliothekarische Registratur wird für fortlaufend anfallende Belege verwendet, wie z. B. für Buchungsbelege und Kontoauszüge. Diese Belege werden z. B. in Stehordnern eingeheftet.
- Die lateral-stehende Registratur wird für dünne Akten aller Art (z. B. Teilnahmebescheinigung an Fortbildungsveranstaltungen) oder Fachzeitschriften (z. B. ZEV, NJW) verwendet. Diese Akten bzw. die Fachzeitschriften werden z. B. in Stehsammlern aufbewahrt.
- Die vertikal-hängende Registratur (= Hängeregistratur) wird als Zwischenablage für die Akten verwendet. Hierfür werden z. B. Hängemappen oder Hängehefter verwendet.
- Die lateral-hängende Registratur (= Pendelregistratur) wird für starke Einzelakten und zur Aufbewahrung großer Aktenmengen verwendet. Hierfür werden z. B. Hängeordner oder Hängetaschen verwendet.

1.3 Vorschriften des Datenschutzes beachten

1. a) Es handelt sich dabei um personenbezogene Daten i. S. v. § 3 BDSG (Bundesdatenschutzgesetz), da es Einzelangaben über persönliche oder sachliche Verhältnisse einer bestimmten oder bestimmbaren natürlichen Person sind. Personenbezogene Daten dürfen nur verarbeitet werden, wenn eine entsprechende rechtliche Regelung (z. B. Gesetz, Satzung, Betriebs- und Dienstvereinbarung) dies vorsieht oder eine Einwilligung des Betroffenen vorliegt (sogenanntes „Verbot mit Erlaubnisvorbehalt"). Gemäß § 28 Abs. 1 Nr. 1 BDSG ist die Datenverarbeitung zulässig, wenn sie zur Durchführung des Arbeitsverhältnisses erforderlich ist. Zudem liegt hier eine Einwilligung vor, da die Mitarbeiter die Angaben zu diesem Zweck selbst gemacht und damit (je nach Ausgestaltung des Fragebogens) ausdrücklich oder konkludent ihre Einwilligung erteilt haben.

b) Dies verwirklicht den Grundsatz der Datenvermeidung und Datensparsamkeit gemäß § 3 a BDSG, demzufolge so wenig personenbezogene Daten wie möglich zu erheben und zu verwenden sind.

c) Nein, es muss kein Datenschutzbeauftragter bestellt werden. Gemäß § 4 f BDSG muss eine Datenschutzbeauftragte oder ein Datenschutzbeauftragter nur dann bestellt werden, wenn in der Regel mehr als neun Personen mit der automatisierten Verarbeitung personenbezogener Daten ständig beschäftigt sind.

d) Eine Weitergabe der Daten ist grundsätzlich nicht zulässig. Sie ist nicht i. S. v. § 28 Abs. 1 Nr. 1 BDSG zur Durchführung des Arbeitsverhältnisses erforderlich und auch nicht von der ursprünglichen Einwilligung gedeckt, da es keinen unmittelbaren Zusammenhang mit dem Arbeitsverhältnis gibt. Die Mitarbeiterinnen und Mitarbeiter können in die Datenweitergabe jedoch gesondert einwilligen.

2. Dies betrifft den Grundsatz der Transparenz, der eine Ausgestaltung des Rechts auf informationelle Selbstbestimmung ist. Daten sind grundsätzlich unter Mitwirkung des Betroffenen zu erheben (§ 4 Abs. 2 BDSG). Werden Daten ohne Kenntnis des Betroffenen erhoben, ist er über Art, Umfang und Zweck der gespeicherten Daten zu informieren (vgl. § 19 a BDSG).

3. **a)** Daten dürfen grundsätzlich nur für den Zweck verwendet werden, für den sie erhoben worden sind. Die Einwilligung zur Verwendung der Daten, die hier in der Newsletter-Bestellung zu sehen ist, bezieht sich somit nur auf den Zweck, über die aktuelle Rechtsprechung und neue Entwicklungen in der Kanzlei informiert zu werden. Der Umzug der Kanzlei steht damit im unmittelbaren Zusammenhang, sodass davon ausgegangen werden kann, dass auch zu diesem Zweck eine wirksame Einwilligung erteilt wurde.

b) Der Hinweis auf das Benefizkonzert wird wohl nicht mehr von dem Zweck, zu dem die Einwilligung erteilt wurde, umfasst sein, da es keinen unmittelbaren Zusammenhang zu der Tätigkeit der Kanzlei gibt. Die Betroffenen können daher der Verwendung ihrer Daten widersprechen (§ 28 Abs. 4 BDSG), die Löschung der Daten verlangen oder ggf. Schadensersatz fordern (§ 7 BDSG).

4. Silke Eckhoff darf die Papiere nicht einfach im Papiermüll entsorgen, da sie personen- und mandatsbezogene Daten enthalten. Das Gebot der Datensicherheit gemäß § 9 BDSG gebietet es, personenbezogene Daten vor unerlaubter Kenntnisnahme zu schützen. Daher müssen diese Daten vor der Entsorgung unleserlich gemacht werden, was üblicherweise mithilfe eines Aktenvernichters im Büro oder eines entsprechenden Fachunternehmens für Aktenvernichtung erfolgt. Für mandatsbezogene Daten ist zudem die Verschwiegenheitspflicht des Rechtsanwalts gemäß § 43 a Abs. 2 BRAO, § 2 BORA bzw. die des Notars gemäß § 18 BNotO zu beachten, die es verbietet, solche Daten unberechtigten Dritten zugänglich zu machen.

1.4 Konferenzen und Besprechungen managen

1. a) Die Rechtsanwaltsfachangestellte Ella Ramirez sollte eine E-Mail an alle Rechtsanwälte/ Rechtsanwältinnen und Mitarbeiter/-innen senden, aus der der Tag, der Beginn, ggf. das Ende (soweit es schon feststeht), der Ort und das Thema der kanzleiinternen Fortbildung hervorgehen.

   b) Ella Ramirez muss nun zunächst eine Agenda, also einen Tagesablaufplan, für Samstag, den 05.02.2017 erstellen. Die Agenda könnte z. B. wie folgt aussehen:

Kanzleiinterne Weiterbildung
am Samstag, den 05.02.2017 von 10:00 Uhr bis 16:45 Uhr
in den Kanzleiräumen in 08056 Zwickau, Planitzer Straße 105

Agenda:

10:00 Uhr	Beginn
10:00 Uhr–11:00 Uhr	Voraussetzungen der PKH/VKH
11:00 Uhr–12:00 Uhr	Antrag von PKH/VKH
12:00 Uhr–13:00 Uhr	Mittagspause
13:00 Uhr–14:00 Uhr	Bewilligung von PKH/VKH
14:00 Uhr–14:30 Uhr	Beiordnung des Rechtsanwalts bzw. der Rechtsanwältin
14:30 Uhr–14:45 Uhr	kurze Pause
14:45 Uhr–16:45 Uhr	Abrechnung des Rechtsanwalts bzw. der Rechtsanwältin
16:45 Uhr	Ende

   Anschließend muss Ella Ramirez die Agenda an alle Rechtsanwälte/Rechtsanwältinnen sowie Mitarbeiter/-innen z. B. per E-Mail übermitteln, damit alle Teilnehmer über Beginn und Ende der Weiterbildung, die zu behandelnden Themengebiete, die Pausenzeiten und die Räumlichkeiten informiert sind.

   c) Die Rechtsanwaltsfachangestellte sollte sich zunächst beim Rechtsfachwirt Holger Fronseck erkundigen, ob er mit dem Pkw oder einem öffentlichen Verkehrsmittel anreist. Weiterhin benötigt sie Informationen für das zu buchende Hotelzimmer (z. B. Nichtraucherzimmer, Parkplatzangebot, Frühstücksangebot, Spätanreise). Erst dann kann sie bei einigen Hotels in der Stadt anfragen, ob ein entsprechendes Zimmer zur Verfügung steht. Hierbei sollte sie darauf achten, dass sich das Hotel in der Nähe der Kanzlei befindet. Sobald Ella Ramirez weiß, in welchen Hotels ein passendes Zimmer frei ist und wie viel dieses kostet, sollte sie mit der Rechtsanwältin Ulrike Lammert besprechen, in welchem Hotel sie das Zimmer buchen soll. Sobald das Hotel die Reservierung bestätigt hat, sollte Ella Ramirez dem Rechtsfachwirt die Reservierungsbestätigung per E-Mail weiterleiten, damit dieser alle relevanten Daten vorliegen hat.

d) Ella Ramirez sollte sich mit einigen Metzgereien bzw. Caterern in Verbindung setzen und Angebote für einen mittäglichen Snack (belegte Brötchen, kalte Platten o. Ä.) einholen. Dabei sollte sie darauf hinweisen, um wie viele Personen es sich handelt und dass der Snack am 05.02.2017 um 11:30 Uhr in der Rechtsanwaltskanzlei sein muss. Weiterhin muss sie bei Beauftragung der Metzgerei bzw. des Caterers abklären, wo das Buffet in den Kanzleiräumen aufgebaut werden soll und ob Getränke, Geschirr und Besteck mitgeliefert werden sollen.

2. Die Auszubildende Mareike Löffler muss beim Rechtsanwalt Marius Bachert nachfragen,

- wie viele Personen an der Konferenz teilnehmen,
- wie die Kontaktdaten der Konferenzteilnehmer lauten bzw. wo diese zu finden sind,
- wie lange die Konferenz in etwa dauern wird und
- wo die Konferenz stattfinden soll.

Erst nach Klärung dieser Fragen kann Mareike Löffler über Microsoft Outlook oder Doodle eine Terminumfrage starten. Dabei sollte sie darauf achten, dass sie sowohl Termine am Vormittag als auch am Nachmittag/Abend anbietet.

3. a) Die Rechtsanwaltsfachangestellte Gina Schneider sollte sich bei der Rechtsanwältin Dr. Renate Schneibel erkundigen, ob sie

- kostenfreies WLAN auf dem Zimmer haben möchte,
- einen Pkw-Stellplatz in einer Tiefgarage haben möchte,
- im Hotel frühstücken möchte und wie viel das Frühstück kosten darf und
- die Hotelkosten durch Überweisung oder Bezahlung vor Ort vornehmen möchte.

Weiterhin sollte sie erfragen, wann die Rechtsanwältin Dr. Renate Schneibel in etwa in Heilbronn im Hotel einchecken möchte, da dann ggf. eine Spätanreise gebucht werden müsste.

b) Gina Schneider sollte über das Internet zunächst ermitteln, wo das Tagungszentrum „Heilbronner Arkaden" liegt. Anschließend sollte sie sich die Hotels, die in der Nähe des Tagungszentrums liegen, heraussuchen und dort – über die Webseite, per E-Mail, telefonisch oder über Buchungsportale – erfragen, ob für den genannten Zeitraum ein Einzelzimmer mit den gewünschten Kriterien frei ist.

c) Die Rechtsanwaltsfachangestellte erkundigt sich bei den beiden Hotels, die für die Zimmerreservierung infrage kommen, ob das Einzelzimmer auch noch für eine weitere Nacht, also insgesamt für den Zeitraum vom 01.12.2016 bis 03.12.2016, zur Verfügung stünde.

d) Gina Schneider sollte die Reservierungsbestätigung an die Rechtsanwältin Dr. Renate Schneibel weiterleiten. Weiterhin sollte sie noch, sofern die Rechtsanwältin Dr. Renate Schneibel kein Navigationssystem in ihrem Pkw hat, eine Reiseroute aus dem Internet ausdrucken und diese ebenfalls an Dr. Renate Schneibel per E-Mail senden bzw. ausdrucken.

4. Der Rechtsfachwirt Uwe Meißner sollte bei der Vorbereitung des Vortrags
   - die einzelnen Themenbereiche sinnvoll zusammenfügen, z. B. nicht erst den Postausgang erklären und später den Posteingang,
   - eine Entscheidung darüber treffen, ob er eine PowerPoint-Präsentation erstellt o. Ä., um manche Punkte anschaulicher darzustellen, z. B. das Organigramm der Rechtsanwaltskanzlei,
   - ggf. ein Handout mit wichtigen Eckdaten für die Auszubildenden erstellen und vervielfältigen bzw. nach dem Vortrag per interner E-Mail versenden,
   - den Ablauf des Vortrags zeitlich strukturieren und ggf. Pausen einplanen,
   - sich Notizen (nicht in Satzform!) über die anzusprechenden Punkte machen, damit nichts vergessen wird, und
   - prüfen, ob die Hilfsmittel, die er verwenden will, z. B. den Beamer für eine PowerPoint-Präsentation, zum Zeitpunkt des Vortrags zur Verfügung stehen und einsetzbar sind.

5. **a)** Vorliegend handelt es sich um eine Konfliktkonferenz. Kristin Weißenstein erklärt der Auszubildenden, dass eine solche Konferenz dazu dient, Konflikte zu untersuchen und zu bewältigen bzw. zu versuchen, eine Lösung zu finden. Hierfür müssen zunächst die einzelnen Positionen der Parteien geklärt werden, indem Vor- und Nachteile sorgfältig abgewogen werden. Auch die Vorgeschichte des Konflikts sollte mitberücksichtigt werden und der Gedanke daran, welchen Nutzen die Konfliktlösung hat.

   b) Vorliegend handelt es sich um eine Informationskonferenz. Die Rechtsanwaltsfachangestellte erklärt Verena Maronn, dass eine solche Konferenz dazu dient, Informationen und Ideen zu sammeln, zu interpretieren und zu verstehen.

   c) Vorliegend handelt es sich um eine Problemlösungskonferenz. Kristin Weißenstein erklärt Verena Maronn, dass während einer solchen Konferenz zunächst die auftretenden bzw. aufgetretenen Probleme beschrieben werden. Anschließend sollen möglichst viele Gesichtspunkte zusammengetragen werden, aus denen sich mögliche Lösungsalternativen ergeben. Anschließend geht die Problemlösungskonferenz gleich über in die Entscheidungskonferenz. Diese dient dazu, die erarbeiteten Problemlösungsalternativen zu prüfen, zu bewerten und darüber zu entscheiden, wie das Problem am besten angegangen bzw. gelöst wird.

6. **a)** Im Idealfall sollte der Rechtsanwalt Dr. Dietrich Gemperlein die Konferenz wie folgt aufbauen:
   - Zunächst sollte er die Konferenzteilnehmer begrüßen.
   - Nach der Begrüßung sollte er einen kurzen Überblick über die abzuhandelnden Punkte der Konferenz geben.
   - Anschließend sollte jeder einzelne Punkt, der auf der Agenda steht, angesprochen werden.
   - Nachdem alle Punkte angesprochen wurden, sollte das Ergebnis kurz zusammengefasst werden.
   - Nach der Zusammenfassung des Ergebnisses sollte sich der Rechtsanwalt Dr. Dietrich Gemperlein von den Konferenzteilnehmern verabschieden.

   b) Der Rechtsanwalt Dr. Dietrich Gemperlein kann z. B. im Rahmen eines Brainstormings die von den Konferenzteilnehmern genannten Daten, Informationen o. Ä. auf einem Flipchart festhalten.

c) Es könnten folgende Probleme auftreten, auf die der Rechtsanwalt Dr. Dietrich Gemperlein reagieren muss:

- Sofern sich einer oder mehrere Teilnehmer verspäten, sollte der Rechtsanwalt Dr. Dietrich Gemperlein mit dem Beginn der Konferenz noch fünf bis zehn Minuten warten, dann jedoch anfangen, da er sonst die geplanten Zeiten nicht einhalten kann.
- Sofern während der Durchführung der Konferenz z. B. der Beamer ausfallen sollte, sollte der Rechtsanwalt Dr. Dietrich Gemperlein versuchen, dieses Problem zu lösen. Falls ihm dies innerhalb kurzer Zeit nicht gelingt, sollte er mit der Konferenz fortfahren.
- Sofern die Teilnehmer durcheinanderreden bzw. sich ständig ins Wort fallen, sollte der Rechtsanwalt Dr. Dietrich Gemperlein einschreiten.
- Sofern die Konferenzteilnehmer merklich unaufmerksam werden, sollte der Rechtsanwalt Dr. Dietrich Gemperlein eine kleine (ungeplante) Pause einlegen und den Raum währenddessen gut durchlüften.

d) Im Falle einer Telefonkonferenz sollte der Rechtsanwalt Dr. Dietrich Gemperlein zusätzlich auf folgende Punkte achten und die Konferenzteilnehmer ggf. darauf aufmerksam machen:

- Tassen und Gläser sollten wegen des Geräuschpegels durch das Abstellen nicht zu nah am Mikrofon platziert werden.
- Eventuelle Störquellen (z. B. Klingeln eines anderen Telefongeräts, Handy-Rückkopplung) sollten entfernt werden.
- Fenster und Türen sollten aufgrund evtl. störender Geräusche geschlossen bleiben.
- Wenn die Teilnehmer ähnlich klingende Stimmen haben, sollten sie ihren Namen nennen, wenn sie das Wort ergreifen.

7. a) Die Rechtsfachwirtin wird sich für das Ergebnisprotokoll entscheiden, das lediglich die Ergebnisse und Aufträge, die sich im Meeting ergeben haben, enthält.

b) Lösungsbeispiel:

Protokoll über die Teambesprechung

Datum:	21.01.2017
Uhrzeit:	17:00 Uhr–18:30 Uhr
Ort:	Rechtsanwaltskanzlei Thorsten Riegel & Josef Treutlein, Partnerschaft
Teilnehmer:	Rechtsanwalt Thorsten Riegel, Rechtsanwalt Josef Treutlein, Rechtsfachwirtin Sabrina Pausewang, Rechtsanwaltsfachangestellte Christine Markewitsch, Rechtsanwaltsfachangestellte Barbara Noubakhsch
Konferenzleiter:	Rechtsanwalt Thorsten Riegel
Protokollführer:	Rechtsfachwirtin Sabrina Pausewang

<u>Tagesordnungspunkte:</u>

Thema/Ergebnis	Termin	Verantwortlicher
Anschaffung eines neuen Multifunktionsgeräts: Da das alte Multifunktionsgerät immer öfter nicht funktionstüchtig ist und repariert werden muss, soll ein neues Gerät angeschafft werden. Dieses soll einen automatischen Einzug haben und auch farbige Kopien/Ausdrucke ermöglichen. Es sollen Angebote eingeholt und eine Übersicht über mögliche Geräte erstellt werden.	11.02.2017	Christine Markewitsch
Neusortierung der Altablage im Lagerraum: Da seit Jahren keine Akten mehr aus der Altablage der Vernichtung zugeführt wurden und der Lagerraum keinen Platz mehr für neue abgelegte Akten, alte Steuerunterlagen u. a. bietet, soll die Altablage dahingehend neu sortiert werden, dass die Akten, deren Aufbewahrungsfrist abgelaufen ist, der Vernichtung zugeführt werden, ebenso wie alte Steuerunterlagen u. a. Es sollen Angebote von Aktenvernichtungsfirmen eingeholt werden. Weiterhin soll die Altablage neu sortiert werden.	04.02.2017 (Angebote) 18.03.2017 (Altablage sortieren)	Sabrina Pausewang
Koordination von auswärtigen Terminen der Rechtsanwälte: Damit es zu keinen Überschneidungen bei der Koordination von auswärtigen Terminen der beiden Rechtsanwälte mehr kommt, soll die Koordination anders geregelt werden. So soll zukünftig nur noch eine Mitarbeiterin hiermit befasst sein.	ab sofort	Barbara Noubakhsch

c) Nach der Erstellung des Protokolls sollte die Rechtsfachwirtin dieses nochmals genau durchlesen und ggf. einem der beiden Rechtsanwälte noch zur Kontrolle vorlegen. Anschließend muss das Protokoll jedem der Rechtsanwälte und allen Mitarbeiterinnen zur Kenntnis gebracht werden, z. B. durch Übersendung einer kanzleiinternen E-Mail.

8. a) Die Rechtsanwältin Dr. Nora Thiessen sollte das Wortprotokoll auswählen, das alle Äußerungen der Teilnehmer in direkter Rede enthält und somit die größte Beweiskraft besitzt.

b) Die Rechtsanwältin Dr. Nora Thiessen muss vor der digitalen Aufzeichnung durch das Mitlaufen eines Handdiktiergeräts die Zustimmung jedes Konferenzteilnehmers einholen, da es sonst rechtliche Probleme geben kann. Diese Zustimmung sollte zum Zwecke der Nachweisbarkeit schriftlich eingeholt werden.

9. Der Rechtsanwalts- und Notarfachangestellte Jens Stiebel könnte die Probleme wie folgt vermeiden:

- Er könnte den Caterer nach Erfahrungswerten befragen, indem er diesem die Anzahl der Konferenzteilnehmer nennt. Er könnte auch Vergleichszahlen heranziehen, sofern Konferenzen in so großem Rahmen bereits in der Rechtsanwaltskanzlei Magnusson, Gelder & Richter GbR stattgefunden haben. Weiterhin bestünde die Möglichkeit, eine Akte anzulegen, in der Jens Stiebel notiert, wie viele Konferenzteilnehmer vor Ort waren und wie viel Gebäck geliefert wurde, und den Hinweis aufnimmt, dass es zu wenig war.
- Beim Aufstellen des Flipcharts sollte Jens Stiebel immer überprüfen, ob noch genügend Papier vorhanden ist, und ggf. eine neue Rolle bzw. einen neuen Block besorgen und griffbereit legen. Weiterhin sollte er gleichzeitig immer prüfen, ob alle Stifte noch funktionieren.
- Sofern Jens Stiebel Kopien anfertigen muss, empfiehlt es sich, diese anschließend nochmals auf Vollständigkeit zu überprüfen.

1.5 Fristen und Termine überwachen

1. a) Die Rechtsfachwirtin Marie Dietzsch ermittelt die Frist wie folgt:

- Vorliegend handelt es sich um eine Ereignisfrist, da innerhalb eines bestimmten Zeitraums eine Rechtshandlung vorgenommen werden soll. Dies bedeutet, dass der Tag der Fälligkeit bei der Berechnung der Frist nicht mitgerechnet werden darf (§ 187 Abs. 1 BGB). Das Ereignis findet am Montag, den 07.12.2016 statt.
- Weiterhin handelt es sich um eine Tagesfrist gemäß § 188 Abs. 1 BGB.
- Da das Schreiben der Familienkasse am Montag, dem 07.12.2016 in der Kanzlei eingegangen ist, endet die Frist am Donnerstag, den 17.12.2016 um 24:00 Uhr.

b) Die Rechtsfachwirtin ermittelt die Frist wie folgt:

- Vorliegend handelt es sich um eine Verlaufsfrist, da ein Ereignis nach einem bestimmten Zeitraum eintritt. Dies bedeutet, dass der Beginn eines Tags entscheidend ist und daher mitgerechnet wird (§ 187 Abs. 2 S. 1 BGB). Der Verlauf beginnt am 01.08.2017.
- Weiterhin handelt es sich um eine Monatsfrist gemäß § 188 Abs. 2 BGB.
- Die Probezeit beginnt am 01.08.2017. Sie endet bereits am 30.09.2017 um 24:00 Uhr, da der Monat September keine 31 Tage hat und in diesem Fall die Frist mit dem Ablauf des letzten Tages des Monats endet (§ 188 Abs. 3 BGB).

c) Marie Dietzsch ermittelt die Frist wie folgt:
- Vorliegend handelt es sich um eine Verlaufsfrist, da ein Ereignis nach einem bestimmten Zeitraum eintritt. Dies bedeutet, dass der Beginn eines Tags entscheidend ist und daher mitgerechnet wird (§ 187 Abs. 2 S. 1 BGB). Der Verlauf begann am 15.01.2013.
- Weiterhin handelt es sich um eine Jahresfrist.
- Das Mietverhältnis begann am 15.01.2013 und endet am 14.01.2018 um 24:00 Uhr.

d) Die Rechtsfachwirtin ermittelt die Frist wie folgt:
- Vorliegend handelt es sich um eine Ereignisfrist, da innerhalb eines bestimmten Zeitraums eine Rechtshandlung vorgenommen werden soll. Dies bedeutet, dass der Tag der Fälligkeit bei der Berechnung der Frist nicht mitgerechnet werden darf (§ 187 Abs. 1 BGB). Das Ereignis findet am Montag, dem 04.01.2017 statt.
- Weiterhin handelt es sich um eine Wochenfrist gemäß § 188 Abs. 2 BGB.
- Da das Schreiben der 123 Mobilfunk GmbH am Montag, dem 04.01.2017 bei der Mandantin eingegangen ist, endet die Frist am Montag, dem 25.01.2017 um 24:00 Uhr.

e) Die Rechtsfachwirtin Marie Dietzsch ermittelt die Frist wie folgt:
- Vorliegend handelt es sich um eine Ereignisfrist, da innerhalb eines bestimmten Zeitraums eine Rechtshandlung vorgenommen werden soll. Dies bedeutet, dass der Tag der Fälligkeit bei der Berechnung der Frist nicht mitgerechnet werden darf (§ 187 Abs. 1 BGB). Das Ereignis findet am Dienstag, dem 19.01.2017 statt.
- Weiterhin handelt es sich um eine Monatsfrist gemäß § 188 Abs. 2 BGB. Diese ist nicht gleichzusetzen mit vier Wochen.
- Da das Telefaxschreiben am Dienstag, dem 19.01.2017 in der Kanzlei eingegangen ist, endet die Frist am 19.02.2017 um 24:00 Uhr.

2. Die Rechtsanwaltsfachangestellte Lisa Dornhagen muss § 193 BGB beachten. Danach gilt, dass, falls das Ende der Frist auf einen Samstag, Sonntag oder Feiertag fällt, die Frist erst am darauffolgenden Werktag endet.

3. a) Beim Errechnen der neuen Frist geht die Rechtsanwaltsfachangestellte Paula Rieksch wie folgt vor:
- Die ursprüngliche Frist endet am Donnerstag, dem 26.11.2016.
- Es soll eine Fristverlängerung um zwei Wochen erbeten werden.
- Es handelt sich somit um eine Wochenfrist gemäß § 188 Abs. 2 BGB, sodass die Frist zwei Wochen später am gleichen Wochentag, also an einem Donnerstag, endet.
- Ablauf der neuen Frist ist somit Donnerstag, der 10.12.2016.

b) Lösungsbeispiel:

Sehr geehrte Damen und Herren,

namens und im Auftrag unserer Mandantin bitten wir, die Frist zur Stellungnahme zu Ihrem Schreiben vom 14.11.2016 um zwei Wochen, somit bis zum 10.12.2016, zu verlängern. Unsere Mandantin befindet sich derzeit noch im Urlaub und kann die von der Unterfertigten noch benötigten Unterlagen erst am 30.11.2016 in die Kanzlei bringen.

Mit freundlichen Grüßen

c) Die Rechtsanwaltsfachangestellte muss, sofern sich die Stadt Frankfurt am Main nicht rechtzeitig vor Ablauf der eigentlichen Frist meldet, ggf. telefonisch nachfragen, ob die beantragte Fristverlängerung bewilligt wird. Sofern dies der Fall ist, muss sie die alte Frist mit einem entsprechenden Vermerk sowie ihrem Handzeichen im Fristenkalender und auf dem Handaktenbogen streichen und die neue Frist eintragen.

d) Ob Paula Rieksch eine Vorfrist eintragen muss, hängt von den kanzleiinternen Vorgaben ab. Es empfiehlt sich jedoch, Vorfristen (z. B. eine Woche vor Ablauf der Frist) zu notieren, sodass noch ausreichend Zeit zur Bearbeitung bleibt.

4. a) Bei der Drei-Wochen-Frist handelt es sich um eine Ereignisfrist gemäß § 187 Abs. 1 BGB. Dies bedeutet, dass Robin Stroh-Meusert bei der Berechnung der Frist den Tag der Fälligkeit nicht mitrechnen darf.

b) Der Rechtsanwaltsfachangestellte errechnet als Vorfrist Dienstag, den 02.12.2016 und als Frist Dienstag, den 09.12.2016.

c) Der Rechtsanwaltsfachangestellte muss beim Eintragen besondere Sorgfalt walten lassen. Er muss darauf achten, dass sich die (Vor-)Frist von den Wiedervorlagen erkennbar abhebt. Dies kann z. B. durch eine farbliche Hervorhebung geschehen. Nach dem Notieren der (Vor-)Frist im Kalender muss Robin Stroh-Meusert auf dem entsprechenden Schriftstück, in diesem Fall auf dem Schreiben der Bundesagentur für Arbeit, unter Angabe seines Handzeichens vermerken, dass die (Vor-)Frist eingetragen wurde.

d) Lösungsbeispiel:

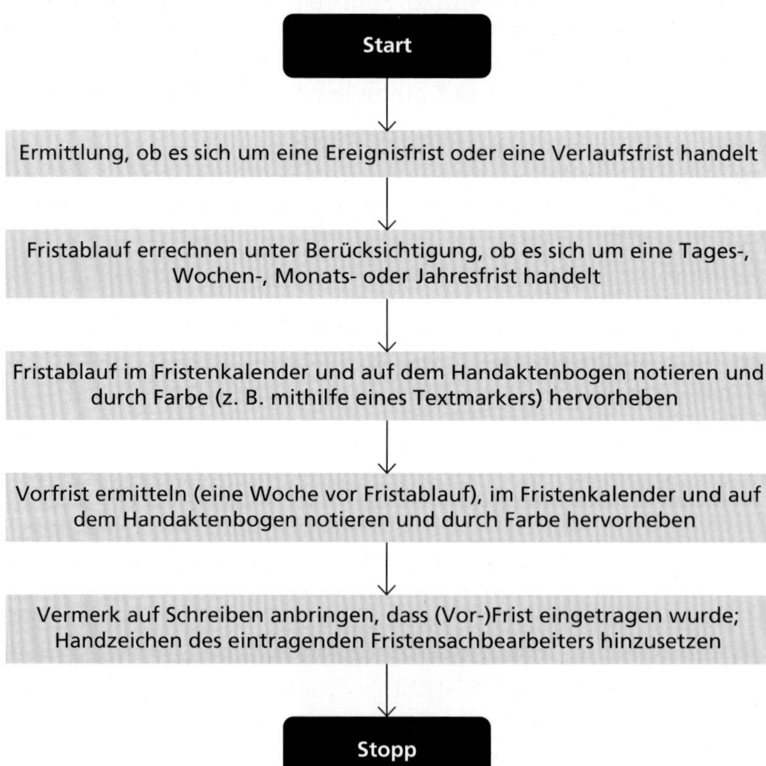

5. a) Der Rechtsfachwirt Jonas Berger sollte dem zuständigen Sachbearbeiter, Rechtsanwalt Dr. Emil Kleinschrod, eine Aufstellung über die an diesem Tag eingetragenen (Vor-) Fristen übergeben. Dies kann entweder durch einen Ausdruck des EDV-gestützten Fristenkalenders geschehen oder durch eine manuell erstellte Übersicht. Diese könnte wie folgt aussehen:

Vorfristen 12.12.2016	**Fristen 12.12.2016**
Rieke Mattusch ./. Maik Pettersen wegen Darlehensforderung	Inge Kistner ./. Strom & Gas Meisels GmbH wegen Forderung
Sanitär Klöpfel e. K. ./. Sandra Rothenbucher wegen Forderung	

b) Der Rechtsfachwirt muss – bevor die Frist gestrichen wird – nochmals überprüfen, ob die Anschrift des gegnerischen Rechtsanwalts und die Telefaxnummer korrekt sind und ob die Telefaxnummer mit der Nummer auf dem Sendebericht übereinstimmt. Erst anschließend kann Jonas Berger die Frist im Kalender und auf dem Handaktenbogen streichen. Dies sollte er jedoch so tun, dass die Frist anschließend noch lesbar ist. Zudem sollte er sein Handzeichen hinzusetzen.

6. a) Die Rechtsanwaltsfachangestellte sollte jeden Abend den Fristenkalender dahingehend überprüfen, ob alle eingetragenen Fristen erledigt, also durchgestrichen wurden.

b) Nina Hohenstedt sollte die zuständige Sachbearbeiterin, Rechtsanwältin Carola Fritzsch, umgehend an den Fristablauf erinnern und sich erkundigen, wie mit dem offenen Fristablauf umzugehen ist.

c) Die Rechtsanwaltsfachangestellte sollte den Hinweis, dass die Rechtsanwältin Carola Fritzsch das Schreiben selbst erstellen und versenden wird, in den Fristenkalender aufnehmen. Am nächsten Tag sollte Nina Hohenstedt in jedem Fall überprüfen, ob die Rechtsanwältin Carola Fritzsch das Schreiben tatsächlich per Telefax versandt und die Frist gestrichen hat.

7. a) Die Rechtsanwaltsfachangestellte Mia Hartmann bestätigt Dr. Marion Utrecht-Dösch, dass am 16.01.2017 noch Termine frei sind. Sie bietet ihr zwei Termine zur Auswahl an: vormittags um 10:30 Uhr oder nachmittags um 15:00 Uhr. Bei ihren Terminvorschlägen hat sie folgende Punkte berücksichtigt:

- Sie hat jeweils einen „Zeitpuffer" von 30 Minuten eingeplant.
- Sie hat die Termine jeweils im Anschluss an die vorhergehende Besprechung gelegt, damit der Rechtsanwalt Paul Ringelmeyer nicht immer wieder aus seiner Arbeit herausgerissen wird.

b) Die Rechtsanwaltsfachangestellte wird dem Mandanten Korbinian Bauer einen Termin am 08.01.2017 gleich früh um 08:00 Uhr vorschlagen. So ist der Wunsch des Mandanten erfüllt und der Rechtsanwalt Anton Poch wird nicht aus seiner Arbeit herausgerissen.

c) Mia Hartmann schlägt dem Mandanten Robert McHurt einen Termin im Laufe des Nachmittags zwischen 13:00 Uhr und 16:00 Uhr vor. Somit berücksichtigt sie die Vorbereitung und die Dauer des Gerichtstermins am Vormittag, die Mittagspause und den Büroschluss um 18:00 Uhr.

d) Die Rechtsanwaltsfachangestellte wird den Gerichtstermin im Kalender so durchstreichen, dass man ihn noch lesen kann. Darunter sollte sie unter Angabe ihres Handzeichens notieren, dass der Termin aufgehoben wurde. Anschließend sollte Mia Hartmann noch die Mandantschaft über die Terminaufhebung informieren.

8. Der Rechtsanwalts- und Notarfachangestellte Roman Tepez sollte wie folgt vorgehen:

- Der Gerichtstermin am 21.01.2017 um 09:00 Uhr muss zunächst in den Kalender eingetragen werden.
- Da Gerichtstermine immer Vorrang vor Mandantenterminen haben, muss der Termin mit der Mandantin Susanne Wittkowski verlegt werden.
- Es wäre deshalb sinnvoll zu versuchen, die Mandantin telefonisch zu erreichen und zu fragen, ob der Termin zeitlich etwas nach hinten (z. B. 10:30 Uhr oder am Nachmittag) oder evtl. auf einen anderen Tag verlegt werden könnte.
- Nachdem die Verlegung des Mandantentermins vorgenommen wurde, ist der alte Termin um 09:30 Uhr im Kalender zu streichen und der neue Termin zu notieren. Sinnvoll ist es weiterhin, unter Angabe seines Handzeichens einen Vermerk anzubringen, warum der Termin gestrichen wurde.
- Zwingend sollte darauf geachtet werden, dass die Terminverlegung unverzüglich vorgenommen wird, damit die Mandantin planen kann.

9. Die Rechtsanwaltsfachangestellte Vera Breitenbach streicht den Termin im Kalender leserlich durch. Darunter vermerkt sie unter Angabe ihres Handzeichens, dass der Termin gestrichen wurde, da sich die Angelegenheit erledigt hat.

10. a) Die Rechtsanwaltsfachangestellte Sarah Heuberger muss, nachdem sie den Termin im Kalender notiert hat, gleich einen Antrag auf Terminverlegung beim Amtsgericht Bamberg stellen, denn bei einer Kollision von Gerichtsterminen hat in der Regel der Termin Bestand, der bereits seit längerer Zeit feststeht. Sobald der Termin durch das Amtsgericht Bamberg verlegt wurde, ist der alte Termin am 08.01.2017 mit einem entsprechenden Vermerk zu streichen und der neue Termin im Kalender zu notieren.

b) Lösungsvorschlag:

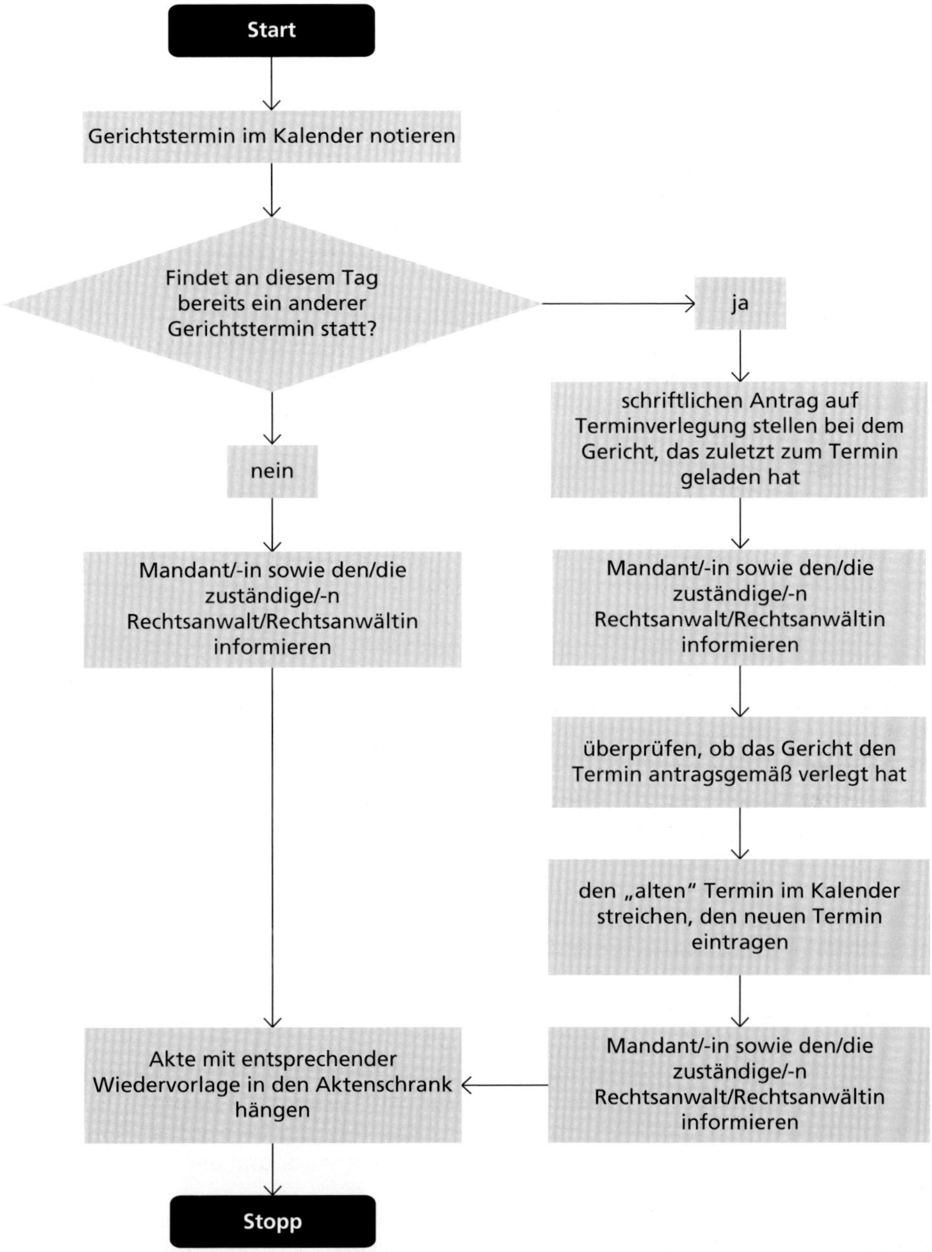

11. a) Der Rechtsanwaltsfachangestellte sollte die Rechtsanwältin Dr. Melissa Seubert gleich nach Eintreffen in der Kanzlei über die vier Termine informieren. Am besten eignet sich hierfür ein Ausdruck des EDV-gestützten Terminkalenders bzw. eine manuell erstellte Notiz/Übersicht.

b) Nino Calvit sollte in diesem Fall telefonisch bei der Mandantin Bertha Landwehr nachfragen, ob sich der Termin erledigt hat bzw. ob ein neuer Termin vereinbart werden soll.

1.6 Mandanten oder Beteiligte serviceorientiert empfangen und betreuen

1. a) Die Auszubildende Mia Brencke sollte wie folgt vorgehen:
   - Sie sollte dem Mandanten Ulrich Wegscheid die Jacke abnehmen und diese aufhängen.
   - Anschließend sollte sie den Mandanten bitten, im Wartebereich Platz zu nehmen und ihn darauf hinweisen, dass es noch etwa eine halbe Stunde dauern wird, da die Rechtsanwältin Dr. Christiane Liebig von ihrem auswärtigen Termin erst um ca. 14:50 Uhr zurück sein wird.
   - Gegebenenfalls kann sie dem Mandanten ein Getränk anbieten und auf ausliegende Flyer, Zeitschriften o. Ä. hinweisen.
   - Sobald die Rechtsanwältin Dr. Christiane Liebig von ihrem auswärtigen Termin zurück ist, muss die Auszubildende sie unverzüglich darüber informieren, dass der Mandant bereits im Wartebereich sitzt.

   b) Die Auszubildende Mia Brencke sollte wie folgt vorgehen:
   - Nachdem sie die Tür geöffnet hat, sollte sie um ihren Schreibtisch herumgehen und die Mandanten namentlich begrüßen.
   - Bei der Begrüßung sollte sie darauf achten, dass sie zuerst Blickkontakt zu dem Ehepaar Diethard herstellt. Sodann sollte sie mit einer freundlichen und „lächelnden" Stimme die Mandanten begrüßen, zunächst Simone Diethard und anschließend deren Ehemann Daniel Diethard, z. B. mit „Guten Morgen, Frau/Herr Diethard".
   - Da sie weiß, dass das Ehepaar Diethard keinen Termin hat, erkundigt sie sich, was sie für das Ehepaar tun kann, und erhält Unterlagen ausgehändigt, die der Rechtsanwalt Moritz Wenthaus zur Bearbeitung des Falls benötigt.
   - Anschließend verabschiedet sie sich vom Ehepaar Diethard und schließt die Tür hinter ihnen.
   - Zuletzt sollte sie einen Aktenvermerk anfertigen und diesen zusammen mit den übergebenen Unterlagen und der Handakte an den Rechtsanwalt Moritz Wenthaus übergeben.

2. Die Rechtsanwaltsfachangestellte Kübra Kaya sollte zunächst Gunther Felbinger mit einem freundlichen Lächeln begrüßen, sobald er die Kanzleiräume betritt. Dadurch signalisiert sie ihm, dass sie ihn wahrgenommen hat, auch wenn sie gerade telefoniert. Nachdem sie das erste Telefongespräch beendet hat, sollte sie das weitere Telefongespräch in diesem Moment nicht annehmen, da Gunther Felbinger bereits wartet und es unhöflich wäre, noch ein weiteres Telefonat zu führen.

3. Der Rechtsanwaltsfachangestellte Sven Groppinger muss bei der Begrüßung darauf achten, dass er mit einer freundlichen und „lächelnden" Stimme spricht und diese nicht zu laut ist. Weiterhin muss er darauf achten, dass er zuerst David Reißer begrüßt, da dieser seit vielen Jahren von der Rechtsanwältin Marion Trixner betreut wird, und anschließend erst dessen Schwester.

4. a) Die Kanzleiinhaberinnen legen deshalb Wert auf Small Talk, also auf ein Alltagsgespräch mit Mandanten/Beteiligten, damit das Gespräch aufgelockert wird und sich die Mandanten/Beteiligten in der Kanzlei gleich wohlfühlen.

   b) Das Empfangspersonal der Rechtsanwaltskanzlei Caroline Burkert & Nadine Ketteler, Partnerschaft, könnte neue Mandanten z. B. mit folgenden Sätzen begrüßen: „Schön, dass wir uns einmal persönlich kennenlernen. Haben Sie den Weg zu uns gut gefunden?"

Wenn ein Mandant begrüßt wird, der bereits seit vielen Jahren immer wieder einmal ein Mandat erteilt, könnte diesem z. B. gesagt werden: „Wir haben uns ja schon lange nicht mehr gesehen. Wie geht es Ihnen denn?"

c) Die Rechtsanwalts- und Notarfachangestellte Sybille Lengfurt sollte Themen, die die Religion und die Politik im Allgemeinen sowie die finanzielle Situation der Mandanten/Beteiligten betreffen, ebenso wie Tratsch über nicht anwesende Personen und Gerüchte vermeiden.

5. a) Der Rechtsanwaltsfachangestellte Benedikt Schuhmann sollte bei der Begrüßung des Mandanten Markus Raschberger darauf achten, dass er zuerst Blickkontakt zum Mandanten herstellt. Sodann sollte er mit einer freundlichen und „lächelnden" Stimme Markus Raschberger begrüßen. Sofern dieser sich noch nicht namentlich vorgestellt hat, sollte er nachfragen, z. B. „Sie sind Herr Markus Raschberger und haben um 10:00 Uhr einen Termin bei der Rechtsanwältin Anita Hainlein?"

b) Benedikt Schuhmann sollte nach der Begrüßung des Mandanten wie folgt vorgehen:

- Er sollte dem Mandanten die Jacke abnehmen und diese aufhängen.
- Anschließend sollte er den Mandanten bitten, im Wartebereich Platz zu nehmen.
- Sodann sollte er dem Mandanten den Mandantenfragebogen übergeben und ihn bitten, den Fragebogen auszufüllen.
- Zuletzt muss er noch die Rechtsanwältin Anita Hainlein darüber informieren, dass Markus Raschberger im Wartebereich sitzt und den Mandantenfragebogen gerade ausfüllt. Dies kann z. B. durch einen internen Telefonanruf erfolgen.

6. a) Die Rechtsanwaltsfachangestellte Leonie Rückert sollte Nina Gartner erklären, dass der Rechtsanwalt Andreas Moser gerade bei Gericht und deshalb telefonisch nicht erreichbar ist, dass sie aber gerne einen Termin mit ihr vereinbaren kann. Nach Beendigung des Telefonats sollte eine Telefonnotiz über das Gespräch angefertigt werden, die dem Rechtsanwalt Andreas Moser nach dessen Rückkehr vom Gericht vorzulegen ist.

b) Leonie Rückert sollte der Mandantin erklären, dass sich die Rechtsanwältin Kathrin Hartl gerade in einer Besprechung befindet und dass sie sich einen kurzen Moment gedulden möge, da sie dieser Bescheid geben werde. Anschließend sollte sie entweder an die Tür des Besprechungszimmers klopfen und die Rechtsanwältin Kathrin Hartl herausbitten oder über die interne Telefonanlage die Rechtsanwältin Kathrin Hartl über das eingehende Telefonat informieren. Die Rechtsanwältin Kathrin Hartl sollte während des Telefonats mit Betty Lohmeier das Besprechungszimmer aufgrund ihrer Verschwiegenheitspflicht verlassen.

c) Die Rechtsanwaltsfachangestellte sollte parallele Arbeiten, wie z. B. das Lesen und/oder Erledigen von eingehenden E-Mails, neben einem Telefonat vermeiden, denn der Gesprächspartner merkt in der Regel, dass ihm nicht mehr aufmerksam zugehört wird.

7. Lösungsbeispiel:

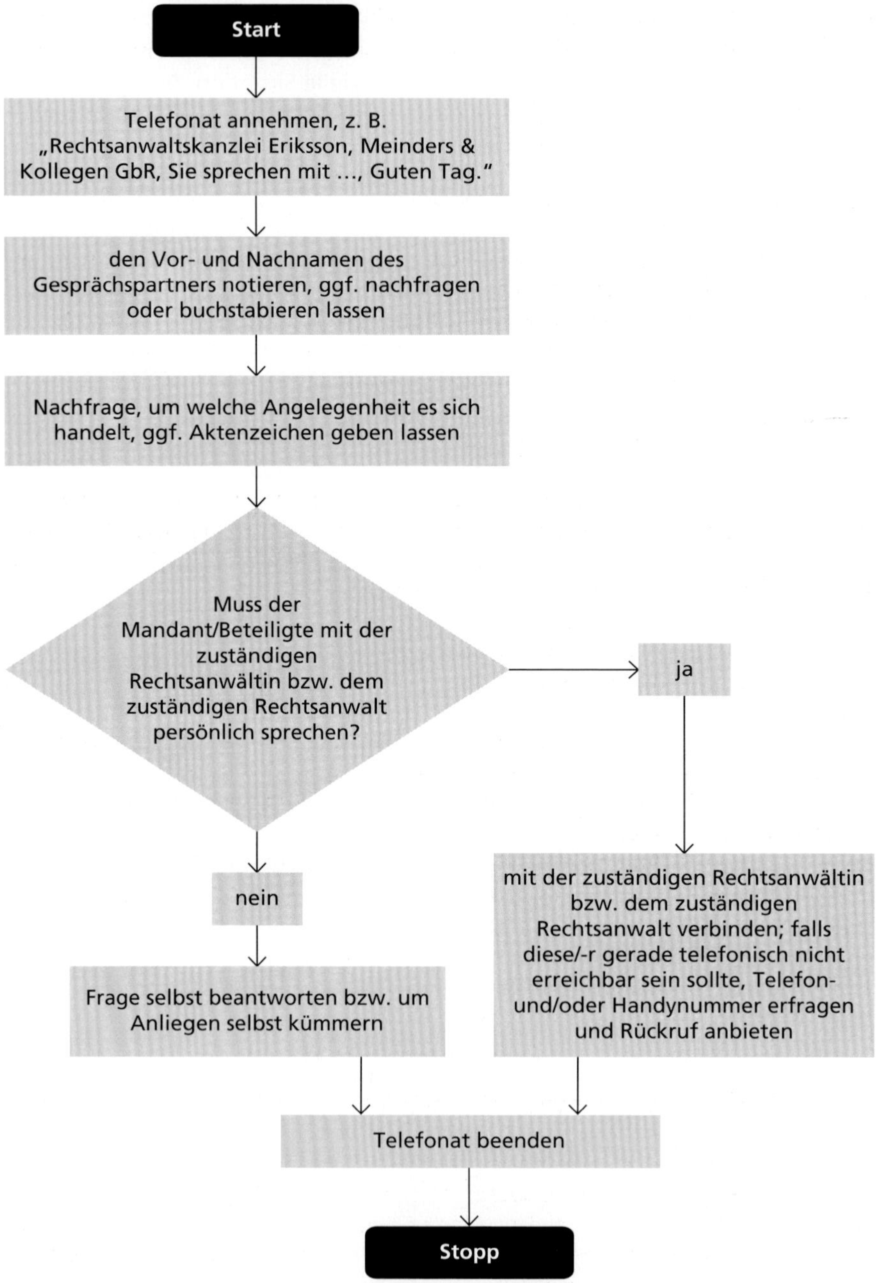

8. a) Die Rechtsanwaltsfachangestellte sollte zunächst nachfragen, warum und in welcher Angelegenheit der Mandant mit der Rechtsanwältin Simone Leitner sprechen möchte.

b) Emma Lorenzen sollte Fabian Kartmeyer zunächst um einen kurzen Moment Geduld bitten und sich die entsprechende Handakte aus dem Aktenschrank oder aus der Datenbank heraussuchen und nachsehen, was der Grund für die Terminaufhebung war.

c) Die Rechtsanwaltsfachangestellte sollte aufgrund ihrer langjährigen Berufserfahrung wie folgt vorgehen:
- Zunächst sollte sie den Mandanten telefonisch darüber informieren, dass der Termin deshalb aufgehoben wurde, weil die Gegenseite den geltend gemachten Anspruch in voller Höhe schriftlich anerkannt hat.
- Anschließend sollte sie Fabian Kartmeyer darüber informieren, dass sich das entsprechende gerichtliche Schreiben am 12.12.2016, also erst gestern, in der Kanzleipost befand und dass er über den Sachstand und das weitere Prozedere in dieser Angelegenheit noch schriftlich informiert werden wird.
- Sodann ist das Telefonat zu beenden.
- Über den Inhalt des Telefongesprächs sollte Emma Lorenzen eine Telefonnotiz anfertigen, die sie der Rechtsanwältin Simone Leitner zur Kenntnisnahme vorlegt.

d) Emma Lorenzen muss darauf achten, dass die Rechtschreib- und Grammatikregeln sowie die Regeln der DIN 5008 eingehalten werden. Weiterhin muss sie darauf achten, dass sie kurze Sätze formuliert, die nach Möglichkeit keine fachspezifischen Ausdrücke enthalten, und dass der Inhalt leicht verständlich dargestellt wird und sich auf das Wesentliche beschränkt.

9. a) Die Auszubildende Jennifer Vollandt sollte auf eine klare und deutliche Aussprache achten sowie auf eine freundliche, „lächelnde" Stimme und auf die Lautstärke der Stimme.

b) Die Auszubildende sollte folgende Regeln einhalten:
- Parallele Arbeiten neben dem Telefongespräch sind zu vermeiden. So sollte z. B. das Sortieren von Unterlagen vermieden werden.
- Störende Hintergrundgeräusche sind zu vermeiden. So sollte z. B. darauf geachtet werden, dass die Fenster an einer viel befahrenen Straße geschlossen sind.
- Der Gesprächsverlauf sollte nicht gestört werden. So sollte z. B. das Telefongespräch wegen eines Zweitgesprächs nicht unterbrochen werden.

c) Jennifer Vollandt muss in diesem Fall über die Gespräche mit den Mandanten/Beteiligten eine Telefonnotiz anfertigen.

d) Die Auszubildende sollte in jedem Fall folgende Daten in die Telefonnotiz aufnehmen:
- Datum des Telefonats
- ggf. Uhrzeit des Telefonats
- eigener Name bzw. Handzeichen
- Vor- und Nachname des Gesprächspartners
- Telefon- oder Handynummer für eventuelle Rückfragen
- Inhalt des Telefongesprächs

10. Der Rechtsanwaltsfachangestellten stehen in diesem Fall folgende Möglichkeiten zur Auswahl:
- Sie kann entweder ein tragbares Telefon mit zum Kopiergerät mitnehmen, damit das Telefon während des Kopierens nicht unbesetzt ist.
- Paula Thurin könnte das Kopieren der Unterlagen auch an eine andere Mitarbeiterin bzw. einen anderen Mitarbeiter der Rechtsanwaltskanzlei delegieren oder diese bzw. diesen bitten, während ihrer Abwesenheit am Empfang Platz zu nehmen und den „Telefondienst" zu übernehmen.

Prüfungsbereich 2: Rechtsanwendung

2.1 Stellung und Hauptpflichten des Rechtsanwalts, des Notars und des Patentanwalts im Rechtssystem beachten

1. a) Gemeint ist damit, dass das Bundesverfassungsgericht ein Gesetz für unvereinbar mit dem Grundgesetz und damit für verfassungswidrig erklärt hat. In einem Rechtsstaat ist es wichtig, dass die Gesetzgebung von den Gerichten überwacht und notfalls korrigiert wird, damit keine Gesetze in Kraft treten, die der verfassungsmäßigen Ordnung und damit letztlich der Demokratie widersprechen. Dies ist eine Ausprägung der Gewaltenteilung.
   b) Gewaltenteilung bedeutet, dass die Kompetenzen in einem Staat, die Staatsgewalt, so verteilt wird, dass keine Person und kein Organ sie auf sich allein konzentriert. Die voneinander unabhängigen Bereiche kontrollieren sich gegenseitig und sollen so Machtmissbrauch verhindern und die Demokratie und Freiheit sichern.
   c) Die drei Gewalten sind Exekutive, Legislative und Judikative. Die Exekutive wird z. B. vertreten durch die Bundesregierung, die Legislative durch den Bundestag und die Judikative durch die Gerichte.

2. a) Zuständig ist gemäß § 23 Nr. 1 GVG das Amtsgericht, da es sich um eine bürgerliche Rechtsstreitigkeit mit einem Streitwert von unter 5 000,00 € handelt.
   b) Neben der sachlichen Zuständigkeit gibt es noch die örtliche und die funktionelle Zuständigkeit. Die örtliche Zuständigkeit bestimmt, welches der sachlich zuständigen Gerichte in Deutschland, also das Gericht an welchem Ort, zuständig ist. Die funktionelle Zuständigkeit bestimmt, welches Organ des (örtlich und sachlich) zuständigen Gerichts zuständig ist, also z. B. ob ein Richter oder ein Rechtspfleger zuständig ist.

3. Zuständig ist gemäß § 71 GVG i. V. m. § 23 Nr. 1 GVG das Landgericht, da der Streitwert über 5 000,00 € liegt. Da es sich um eine Streitigkeit zwischen Kaufleuten handelt, ist die Kammer für Handelssachen gemäß § 93 GVG zuständig.

4. a) Zuständig ist das Verwaltungsgericht, da es sich um eine öffentlich-rechtliche Streitigkeit handelt.
   b) In zweiter Instanz ist (außer im Falle einer Sprungrevision) das Oberverwaltungsgericht zuständig.
   c) Das oberste Gericht für baurechtliche Streitigkeiten ist das Bundesverwaltungsgericht. Es hat seinen Sitz in Leipzig.

5. a) Vormundschaftssachen gehören zur sogenannten freiwilligen Gerichtsbarkeit. Sie ist Teil der ordentlichen Gerichtsbarkeit.
   b) Vormundschaftssachen werden vor Familiengerichten verhandelt. Diese sind Abteilungen der Amtsgerichte.
   c) Die Instanzen der ordentlichen Gerichtsbarkeit sind: Amtsgericht (AG), Landgericht (LG), Oberlandesgericht (OLG) und Bundesgerichtshof (BGH).
   d) Zur besonderen Gerichtsbarkeit gehören die Arbeitsgerichtsbarkeit, die Sozialgerichtsbarkeit und die Verwaltungsgerichtsbarkeit.

6. Das zuständige Gericht erster Instanz ist das Amtsgericht (Familiengericht) gemäß § 23 a Abs. 1 Nr. 1 GVG und das zuständige Gericht zweiter Instanz in Familiensachen ist gemäß § 119 Abs. 1 Nr. 1 a GVG das Oberlandesgericht.

7. Zur Rechtspflege gehören neben Patentanwälten auch Rechtsanwälte und Steuerberater, aber auch Notare, die Gerichte, die Staatsanwaltschaft, die Gerichtsvollzieher und die Justizverwaltung.

8. a) Als Rechtsanwältin ist sie ein unabhängiges Organ der Rechtspflege. Dies bedeutet, dass sie nicht nur ihren Mandanten verpflichtet ist, sondern, wie Staatsanwälte und Richter auch, ebenso der Rechtsordnung. Sie muss also die Interessen ihrer Mandanten vertreten, jedoch nicht um jeden Preis und nur im Rahmen des rechtlich Zulässigen. Aus dieser Stellung ergeben sich zahlreiche Rechte und Pflichten.
   b) Als Rechtsanwältin ist sie gemäß § 43 a Abs. 2 BRAO zur Verschwiegenheit verpflichtet. Beim Verstoß gegen diese Verschwiegenheitspflicht drohen auch strafrechtliche Konsequenzen (vgl. §§ 203, 356 StGB).
   c) Ingrid Sigalas ist als Rechtsanwältin gemäß § 43 a Abs. 3 BRAO zu sachlichem Auftreten verpflichtet. Sie darf nicht vor Gericht lügen oder bewusst zur Verbreitung von Unwahrheiten oder herabsetzenden Äußerungen beitragen.
   d) Rechtsanwälte dürfen gemäß § 43 a Abs. 4 BRAO, § 3 BORA keine widerstreitenden Interessen vertreten. Ingrid Sigalas darf also nicht für die Ehefrau tätig werden, da sie die andere Partei in derselben Rechtssache vertreten hat. Von einer solchen Interessenkollision umfasst sind auch Sozien, Angestellte und Rechtsanwälte, die eine Bürogemeinschaft bilden (vgl. § 3 Abs. 2 BORA). Es würde also auch nicht helfen, die Sache an Nils Thomczek abzugeben.
   e) Nein, Rechtsanwälte dürfen in einer Sache nicht tätig werden, wenn ein Notarkollege der Sozietät zuvor in dieser Sache eine notarielle Beurkundung vorgenommen hat (vgl. § 45 Abs.1 Nr. 2 BRAO).

9. a) Guntram Boars kann nicht als Rechtsanwalt arbeiten, da er nicht die Befähigung zum Richteramt gemäß §§ 5 ff. DRiG (Deutsches Richtergesetz) besitzt (vgl. § 4 BRAO). Er hat u. a. nicht den juristischen Vorbereitungsdienst (Referendariat), der mit dem Zweiten Staatsexamen abschließt, absolviert. Er kann somit in der Kanzlei nur als wissenschaftlicher Mitarbeiter o. Ä. eingesetzt werden.
   b) Sita Wehlhauer hat die Befähigung zum Richteramt gemäß §§ 5 ff. DRiG (Deutsches Richtergesetz). Um als Rechtsanwältin zu arbeiten, muss sie sich bei der zuständigen Rechtsanwaltskammer (in diesem Fall Düsseldorf) zulassen und eine entsprechende Berufshaftpflichtversicherung abschließen. Nach § 51 BRAO muss während der Dauer der Zulassung ununterbrochen eine Berufshaftpflichtversicherung unterhalten werden, die eine Mindestversicherungssumme in Höhe von 250 000,00 € für jeden Versicherungsfall sowie eine vierfache Deckung für das gesamte Jahr aufweist.
   c) Soon-yeon Kwon hat als Patentanwältin nicht die Befähigung zum Richteramt und kann somit nicht als Rechtsanwältin arbeiten. Sie kann sich jedoch als Patentanwältin zulassen (§ 13 PAO – Patentanwaltsordnung).
   d) Rechtsanwälte müssen erfolgreich ein rechtswissenschaftliches Studium (Abschluss Erstes Juristisches Staatsexamen) absolvieren sowie den juristischen Vorbereitungsdienst (Referendariat), der mit dem Zweiten Staatsexamen abschließt. Rechtsanwälte beraten und vertreten Mandanten in allen Rechtsgebieten. Patentanwälte müssen ein natur- oder ingenieurwissenschaftliches Studium und anschließend die Ausbildung zum Patentanwalt

erfolgreich absolvieren. Der Patentanwalt berät und vertritt Mandanten auf dem Gebiet des gewerblichen Rechtsschutzes (z. B. bei der Anmeldung und Überwachung von Patenten und Marken). Er vertritt Mandanten in Verfahren vor dem Deutschen Patent- und Markenamt (DPMA) und dem Bundespatentgericht sowie in Verfahren vor europäischen Einrichtungen wie dem Europäischen Patentamt (EPA) und dem Harmonisierungsamt für den Binnenmarkt (HABM).

e) Über die Befähigung zum Richteramt müssen folgende Berufsgruppen verfügen:
- Richter,
- Staatsanwälte,
- Rechtsanwälte und
- Notare.

f) Das Berufsrecht der Rechtsanwaltschaft findet sich u. a. in folgenden Regelungen:
- Bundesrechtsanwaltsordnung (BRAO),
- Berufsordnung (BORA),
- Fachanwaltsordnung (FAO),
- Rechtsanwaltsvergütungsgesetz (RVG),
- Rechtsdienstleistungsgesetz (RDG) sowie
- Gesetz über die Tätigkeit europäischer Rechtsanwälte (EuRAG).

10. Es gibt zwar den Fachanwaltstitel für Internationales Wirtschaftsrecht, jedoch darf gemäß § 43 c Abs. 1 S. 2 BRAO ein Rechtsanwalt nur maximal drei Fachanwaltstitel führen. Diese können jedoch unterschiedliche Rechtsgebiete umfassen.

2.2 Gesetze und Verordnungen handhaben

1. a) Das materielle Recht beinhaltet Rechtsvorschriften, die die Entstehung und den Erwerb von Rechten durch Personen sowie die daraus entstehenden Verpflichtungen und Ansprüche regeln. Es regelt also den Inhalt der Rechte (die Materie). Das formelle Recht wird auch als Prozessrecht oder Verfahrensrecht bezeichnet. Es beinhaltet verfahrensrechtliche Regelungen zur Durchsetzung der Ansprüche, die sich aus dem materiellen Recht ergeben.

b)
- BauGB – M
- MuSchG – M
- Zöller: Zivilprozessordnung, 31. Aufl., Köln, Dr. Otto Schmidt, 2016 – F
- FGG – F
- Palandt: Bürgerliches Gesetzbuch, 75. Aufl., München, C. H. Beck, 2016 – M
- Germelmann/Matthes/Prütting: Arbeitsgerichtsgesetz, 8. Aufl., München, C. H. Beck, 2013 – F
- HGB – M

2. a) Das Privatrecht (auch Zivilrecht genannt) regelt die Rechtsbeziehungen der einzelnen privaten Rechtssubjekte (Bürger) zueinander. Es wird von zwei wichtigen Prinzipien geprägt: Das Prinzip der Privatautonomie besagt, dass die Rechtssubjekte größtenteils ihre Rechtsbeziehungen frei gestalten können. Das Recht soll nur im Notfall eingreifen und ist daher häufig dispositiv. Nach dem Prinzip der rechtlichen Gleichordnung stehen alle Rechtssubjekte auf der gleichen Stufe. Im Gegensatz dazu herrscht im öffentlichen Recht ein Über- und Unterordnungsverhältnis zwischen Staatsorganen einerseits und dem Bürger andererseits. Das öffentliche Recht regelt die Rechtsverhältnisse der Staatsorgane untereinander und im Verhältnis zum einzelnen Bürger.

b) Die Unterscheidung zwischen Privatrecht und öffentlichem Recht ist v. a. für die Bestimmung des richtigen Gerichtszweigs (sogenannte Gerichtsbarkeit) und damit des in einer Angelegenheit zuständigen Gerichts von entscheidender Bedeutung. Je nachdem, ob es sich um eine privatrechtliche Angelegenheit oder eine öffentlich-rechtliche handelt, sind die ordentlichen Gerichte oder die Verwaltungsgerichte (bzw. Sondergerichte) zuständig, für die jeweils unterschiedliche Verfahrensregeln gelten (formelles Recht). Darüber hinaus ist die Abgrenzung wichtig für die Bestimmung des Rechts, das inhaltlich anzuwenden ist (materielles Recht).

c)
- Hagen ./. Hagen wegen Scheidungsverfahren – grün – Privatrecht (Bürgerliches Recht)
- Kinayici wegen Baugenehmigung – blau – Öffentliches Recht (besonderes Verwaltungsrecht)
- Küllmer ./. Highvolt AG wegen Arbeitszeugnis – grün – Privatrecht (Arbeitsrecht)
- Wilkens ./. Reinglas OHG wegen Auflösung der Gesellschaft – grün – Privatrecht (Gesellschaftsrecht)
- Bürgerinitiative ProBad ./. Gemeinde Allershausen wegen Schließung des örtlichen Freibads – blau – Öffentliches Recht (Besonderes Verwaltungsrecht)
- El-Awaad wegen Erteilung eines Erbscheins – grün – Privatrecht (Erbrecht)
- Lars Richert wegen Fahrens ohne Fahrerlaubnis – blau – Öffentliches Recht (Strafrecht)
- Vision GmbH ./. Vision New GbR wegen Urheberrechtsverletzung – grün – Privatrecht (Urheberrecht)
- Schulz ./. Agentur für Arbeit wegen Arbeitslosengeld II – blau – Öffentliches Recht (Sozialrecht)
- Axel Gellert wegen unerlaubter Verwertung urheberrechtlich geschützter Werke blau – Öffentliches Recht (Strafvorschrift aus dem Urheberrecht)

3. 1. Gesetze werden durch die Legislative, also durch den Bundestag (ggf. in Zusammenarbeit mit dem Bundesrat), erlassen. Rechtsverordnungen werden im Gegensatz dazu nicht vom Gesetzgeber, sondern von der Exekutive, also der Regierung, erlassen. Dazu muss eine ausdrückliche Ermächtigung durch ein Gesetz vorliegen. Rechtsverordnungen werden in der Regel dazu genutzt, gesetzliche Regelungen zu konkretisieren und auszugestalten.

2. Nach dem in Art. 31 GG verankerten Grundsatz „Bundesrecht bricht Landesrecht" gehen Gesetze auf Bundesebene den Landesgesetzen vor. Widerspricht also eine Regelung im BayVwVfG der im VwVfG, so ist sie unwirksam.

3. Das Grundgesetz als Verfassungsrecht geht in der Normenhierarchie (einfachen) Gesetzen und Verordnungen vor. Die Normenhierarchie besagt, dass niederrangige Normen immer im Einklang mit höherrangigen stehen müssen. Widersprechen Regelungen in Gesetzen oder Verordnungen also dem Grundgesetz, so sind sie unwirksam.

4. a) Beim Zitieren von Gesetzen müssen genaue Angaben gemacht werden. Bei längeren, mehrere Absätze und Sätze umfassende Paragrafen reicht es dabei nicht aus, wenn nur die Nummer des Paragrafen genannt wird. Die Bezeichnung des Gesetzes wird in der Regel, insbesondere bei gebräuchlichen Normen, abgekürzt.

---

§ 17 Abs. 1 S. 2 Nr. 2 BeurkG (oder auch § 17 I 2 Nr. 2 BeurkG) **Beispiel**

Werden mehrere Fundstellen zusammen als sogenannte Paragrafenkette zitiert, müssen Angaben aus dem gleichen Gesetz mit zwei §-Zeichen (bzw. Artt.) beginnen.

Beispiel §§ 280 Abs. 1, 311 Abs. 2 Nr. 2, 241 Abs. 2 BGB oder Artt. 13 f. EGBGB

Bei mehreren Fundstellen aus unterschiedlichen Gesetzen wird das Paragrafenzeichen bei jedem Gesetz wiederholt.

Beispiel § 1004 Abs. 2 BGB, § 14 S. 1 1. Hs. BImSchG

Sollen mehrere Paragrafen aufgezählt werden, die direkt aufeinanderfolgen, wird hinter der Paragrafenzahl „f." (folgender Paragraf) bzw. „ff." (folgende Paragrafen) gesetzt.

Beispiel §§ 311 ff. BGB

b) Bei Fachaufsätzen müssen folgende Angaben gemacht werden:
- Vor- und Nachname des Autors
- Titel des Aufsatzes
- Angabe der Zeitschrift, Erscheinungsjahr und ggf. Heftnummer
- Seitenangabe

c)
- Neue Juristische Wochenschau: NJW
- Betriebs-Berater: BB
- Juristische Rundschau: JR
- Monatsschrift für Deutsches Recht: MDR

d)
- **Erscheinungsjahr der Zeitschrift fehlt:** Kiesel, Robert: Das Firmenrecht in der IHK-Praxis: klassische Probleme bei der Suche nach dem Unternehmensnamen, **DNotZ 2015**, 740-756
- **Vorname eines Autors fehlt:** Böttcher, Leif/Faßbender, **Kurt**/Waldhoff, Christian: Erneuerbare Energien in der Notar- und Gestaltungspraxis, 1, Auflage, München, 2014
- **Namensangabe des Autors falsch: Reymann, Christoph:** Wärme-Contracting beim Wohnungskauf vom Bauträger, DNotZ 2015, 883

e) Beim Zitieren von Gerichtsentscheidungen werden das Gericht (abgekürzt), das Datum der Entscheidung sowie das Aktenzeichen angegeben. Gegebenenfalls kann auch noch eine Fundstelle angegeben werden.

Beispiel BGH, Urteil vom 25.03.2015, VIII ZR 243/13 oder
BGH, Urteil vom 25.03.2015, VIII ZR 243/13,DNotZ 2016, 32 = NJW 2015, 3228

2.3 Entstehung und Wirksamkeit von Rechtsgeschäften prüfen

1. Zwischen dem Verkäufer und dem Studenten ist ein wirksamer Kaufvertrag gemäß § 433 Abs. 1 BGB zustande gekommen.

Als Konrad Merger sagte, dass er gern einen Kasten Bier hätte, machte er ein rechtsverbindliches **Angebot**, das alle wesentlichen Vertragsbestandteile (Vertragspartner, Vertragsgegenstand, Preis) enthielt. Der Kioskbetreiber hat dieses Angebot **angenommen**, denn er hat den Bierkasten geholt. Konrad Merger muss den Kasten Bier bezahlen.

Es ist nicht möglich, dass Konrad Merger sich einseitig von diesem Vertrag löst.

Web Eine ausführlichere Lösung im Gutachtenstil finden Sie unter BuchPlusWeb.

2. Der Inhaber kann nur 18,00 € verlangen, wenn ein Vertrag über diesen höheren Preis zustande gekommen ist.

Im Auslegen der Speisekarte ist **kein Angebot** zu sehen. Es fehlt der Rechtsbindungswille, denn der Wirt kann aufgrund des begrenzten Vorrats nicht allen Gästen die gewünschte Speise servieren. Das Auslegen der Speisekarte ist lediglich die Aufforderung an den Gast, seinerseits ein Angebot abzugeben.

Ein **Angebot** haben die beiden Rechtsanwaltsfachangestellten abgegeben, als sie von der Speisekarte bestellten. Der Inhaber hat dieses Angebot spätestens dann angenommen, als er die Speisen auf den Tisch stellte. Hinsichtlich der gewünschten Salate stimmen die Willenserklärungen überein, aber nicht hinsichtlich des Preises.

Mittels Auslegung nach §§ 133, 157 BGB muss erforscht werden, welchen Inhalt die Erklärung des Lokalbetreibers hat. Danach ist der Inhalt empfangsbedürftiger Willenserklärungen vom Empfängerhorizont aus zu ergründen, d. h., man muss sich vorstellen, welchen Eindruck ein objektiver Dritter von der Willenserklärung hat. Die beiden Rechtsanwaltsfachangestellten wollten den Salat zu 14,00 € bestellen. Dies muss einem Dritten in der Position des Inhabers aber auch erkennbar gewesen sein. Der Wirt hat die Preise erhöht und mutmaßlich alle Speisekarten ausgetauscht. Für die Sorgfalt bei dieser Aufgabe muss er selbst Sorge tragen. Ein Dritter würde davon ausgehen, dass die Rechtsanwaltsfachangestellten den Salat zum Preis der ausgelegten Karte bestellen möchten. Ein Vertrag ist über eine Bestellung von den beiden Salaten zum Preis von 14,00 € zustande gekommen und der Wirt kann nur diesen Preis fordern.

Eine Anfechtung der Willenserklärung würde für den Wirt keinen Sinn machen, denn das würde nur dazu führen, dass der Vertrag über 14,00 € nichtig ist, aber eine Anfechtung würde nicht zu einem vertraglichen Anspruch auf 18,00 € führen.

Eine ausführlichere Lösung im Gutachtenstil finden Sie unter BuchPlusWeb.

3. Ja, denn Lars Kerner müsste an der Umfrage nur teilnehmen, wenn ein Vertrag über die Teilnahme zustande gekommen wäre.

Das Meinungsforschungsinstitut hat ihm ein entsprechendes Angebot gemacht, aber Lars Kerner müsste dieses Angebot auch angenommen haben. Er hat aber auf das Angebot geschwiegen. Durch bloßes Schweigen kommt kein Vertrag zustande. Schweigen bedeutet keine Annahme. Etwas anderes kann aber unter Umständen für Geschäfte unter Kaufleuten gelten.

4. Nein, das geht nicht, denn es liegt nur eine Aufforderung zum Angebot vor und noch kein bindendes Vertragsangebot, das die Rechtsreferendarin durch bloße Zustimmung annehmen könnte.

In der bloßen Auslage von Waren ist nie ein rechtsverbindliches Angebot zu sehen. Die Auslage der Ware wird als bloße Aufforderung an den Kunden, seinerseits ein Angebot abzugeben, angesehen, das dann wiederum erst noch vom Verkäufer angenommen werden muss.

5. a) Der Auktionator könnte gegen Stefan Gremmler einen Anspruch auf Zahlung des Kaufpreises in Höhe von 660,00 € gemäß § 433 Abs. 2 BGB haben.

Indem der Auktionator die Palette vorstellt, fordert er die Versteigerungsteilnehmer auf, ihrerseits ein **Angebot abzugeben**. Stefan Gremmler muss durch das Heben der Bieterkarte ein **Angebot** abgegeben haben. Ein Angebot besteht aus einem äußeren Willen (das Erklärte) und einem inneren Willen. Wenn jemand, wie in diesem Fall, den Anschein erweckt, etwas erklären zu wollen, was ihm aber nicht bewusst ist, müssen die Bestandteile einer Willenserklärung genau untersucht werden, um festzustellen, ob eine wirksame Willenserklärung vorliegt oder nicht.

Der äußere Wille ist gegeben, denn Stefan Gremmler hat mit der Bieterkarte gewinkt.

Der innere Wille einer Willenserklärung besteht aus dem Handlungswillen, dem Erklärungsbewusstsein und dem Geschäftswillen. Stefan Gremmler wollte seinem Freund zuwinken. Ein Handlungswille liegt also vor.

Erklärungsbewusstsein bedeutet, dass der Erklärende weiß, dass er irgendetwas rechtlich Erhebliches erklärt. Genau diese Voraussetzung liegt hier nicht vor, weil Stefan Gremmler nicht wusste, dass er ein rechtlich verbindliches Angebot abgibt, wenn er mit der Bieterkarte winkt. Er wollte sich nur seinem Freund bemerkbar machen. Er wollte keine rechtsverbindliche Erklärung abgeben, weshalb er nicht mit Erklärungsbewusstsein handelte.

Es gibt **unterschiedliche Ansichten**, welche Folgen das Fehlen des Erklärungsbewusstseins hat. Sieht man das Erklärungsbewusstsein als unbedingt erforderlichen Bestandteil einer Willenserklärung an, so hat sein Fehlen zur Folge, dass keine wirksame Willenserklärung vorliegt und Stefan Gremmler kein wirksames Angebot abgegeben hat.

Es wird aber auch die Ansicht vertreten, dass nicht der subjektive Wille des Erklärenden für die Frage, ob eine Willenserklärung vorliegt, maßgeblich ist, sondern es nur darauf ankommt, wie ein objektiver Dritter das Verhalten verstehen dürfte.

Diese Meinung stellt den Schutz des Rechtsverkehrs in den Vordergrund. Ein Erklärungsempfänger soll auf das Vorliegen einer Willenserklärung vertrauen können, wenn ein Verhalten als solche verstanden werden durfte, und soll nicht den Unsicherheiten der Maßgeblichkeit einer subjektiven Wahrnehmung ausgesetzt sein. Hier wäre dann der Auktionator geschützt, d. h., Stefan Gremmler hätte ein wirksames Angebot abgegeben, indem er seinem Freund zuwinkte. Da die Gepflogenheiten auf Versteigerungen so sind, hätte ein unbeteiligter Dritter Stefan Gremmlers Verhalten als rechtlich verbindliches Angebot verstanden.

Nach dieser Ansicht ist also ein Angebot im Winken mit der Bieterkarte zu sehen.

Im Prüfungsfall geht es darum, den Konflikt zu erkennen. Die eine Ansicht schützt den Erklärenden und die andere Ansicht den Erklärungsempfänger, der auf das Erklärte vertraut.

Folgt man der zweiten Ansicht und hält das Erklärungsbewusstsein nicht für eine Voraussetzung einer Willenserklärung, so liegt hier ein rechtswirksames Angebot von Stefan Gremmler vor. Das Angebot hat der Auktionator wirksam angenommen, als er den Zuschlag erteilte.

Der Auktionator kann den Kaufpreis von Stefan Gremmler gemäß § 433 Abs. 2 BGB fordern. Stefan Gremmler würde aber ein Anfechtungsrecht zustehen.

Das Anfechtungsrecht wird in den Fällen 13 bis 17 in diesem Kapitel behandelt.

Eine ausführlichere Lösung im Gutachtenstil finden Sie unter BuchPlusWeb.

b) Hier käme man aufgrund der Kenntnis des Auktionators zu dem Schluss, dass der Auktionator hier als Erklärungsempfänger nicht schutzwürdig ist. Deshalb ist es sachgerecht, hier auf keinen Fall von einem wirksamen Angebot von Stefan Gremmler auszugehen. Der Auktionator kann den Kaufpreis mangels rechtswirksamen Angebots nicht gemäß § 433 Abs. 2 BGB fordern.

6. Franziska Hillenbrand hat einen Anspruch auf die Lieferung der Küche in der teureren Holzqualität „Handschmeichler" gemäß § 433 Abs. 1 BGB, wenn zwischen ihr und dem Küchenbauer ein Kaufvertrag über diese Küche zustande gekommen ist.

Der Küchenbauer hat sogar ein schriftliches Angebot über die Küche „Handschmeichler" erstellt. Trotz der abweichenden Wortwahl könnte doch ein Vertrag über die Küche „Augenschmaus" zustande gekommen sein, was vorher von beiden Seiten so vereinbart war.

Verträge sind so auszulegen, wie Treu und Glauben mit Rücksicht auf die Verkehrssitte es erfordern. Das bedeutet, dass bei der Auslegung einer empfangsbedürftigen Willenserklärung der objektive Empfängerhorizont maßgeblich ist. Franziska Hillenbrand hat die Holzqualität „Augenschmaus" im Geschäft ausgewählt und um ein entsprechendes Angebot nach Aufmaß gebeten. Sie konnte deshalb nicht ahnen, dass der Küchenbauer ihr eine andere Holzqualität anbieten würde. Vom Empfängerhorizont ist damit „Augenschmaus" zu verstehen. Ein Kaufvertrag über die Küche in der Qualität „Handschmeichler" ist aufgrund des Angebots des Küchenbauers nicht zustande gekommen.

Der Kaufvertrag über die Küche „Handschmeichler" könnte aber aufgrund der Erklärung von Franziska Hillenbrand zustande gekommen sein, wenn ihre „Auftragserteilung" nach § 150 Abs. 2 BGB als ein **neuer Antrag** anzusehen ist und der Küchenbauer diesen angenommen hätte. Nach § 150 Abs. 2 BGB gilt eine Annahme unter Erweiterungen, Einschränkungen oder sonstigen Änderungen als Ablehnung, verbunden mit einem neuen Antrag.

Die Annahme eines Vertragsangebots ist ebenfalls eine empfangsbedürftige Willenserklärung (§ 146 BGB). Als dem Küchenbauer die Erklärung seiner Kundin zuging, hatte er seinen Irrtum noch nicht bemerkt. Er konnte nur davon ausgehen, dass auch Franziska Hillenbrand einen Vertrag über die Küche „Augenschmaus" schließen wollte. Demnach hat Franziska Hillenbrand mit der „Auftragserteilung" das Angebot des Küchenbauers angenommen. Ihre Willenserklärung ist kein neuer Antrag gemäß § 150 Abs. 2 BGB und sie hat keinen Anspruch auf Lieferung der Küche in der Qualität „Handschmeichler" aus § 433 Abs. 1 BGB.

Eine ausführlichere Lösung im Gutachtenstil finden Sie unter BuchPlusWeb.

7. a) Es gibt sowohl empfangsbedürftige als auch nicht empfangsbedürftige Willenserklärungen. Eine Kündigung ist eine empfangsbedürftige Willenserklärung im Gegensatz z. B. zu einem Testament, das nicht empfangsbedürftig ist.

Empfangsbedürftige Willenserklärungen müssen zum einen abgeben werden und zum anderen müssen sie dem Empfänger auch zugehen, d. h., sie müssen in den Machtbereich des abwesenden Empfängers gelangt sein und er muss die Möglichkeit haben, unter gewöhnlichen Umständen von der Willenserklärung Kenntnis zu erlangen. Eine unberechtigte Verweigerung der Annahme der Willenserklärung geht zulasten des Empfängers.

Die Kündigung seiner Arbeitgeberin ist Stefan Kieling also zugegangen, denn er war in der Lage, in zumutbarer Weise von ihr Kenntnis zu nehmen. Es liegt in seiner Verantwortung, dass er vor Julia Greim die Tür zugeschlagen hat und den Brief nicht angenommen hat.

b) Anders ist die Rechtslage zu beurteilen, wenn Julia Greim die Kündigung an einem Sonntag in den Briefkasten des Rechtsanwaltsfachangestellten eingeworfen hat. Nach neuester Rechtsprechung (LAG Schleswig-Holstein, 13.10.2015, Az.: 2 Sa 149/15) muss ein Angestellter nicht an einem Sonntag in seinen Briefkasten schauen. Hätte Julia Greim das Kündigungsschreiben an einem Werktag in den Briefkasten geworfen, wäre die Kündigungsfrist gewahrt gewesen.

c) Stefan Kieling kann mit einer Reise, die er nur zu dem Zweck antritt, den Kündigungszugang zu vereiteln, nicht den Zugang verhindern, denn es ist als arglistig einzustufen, wenn jemand einfach verreist, ohne sicherzustellen, dass ihn wichtige Post erreicht.

8. Ein wirksamer Kaufvertrag gemäß § 433 BGB kann nur vorliegen, wenn Natalie geschäftsfähig ist. Gemäß § 104 BGB ist geschäftsunfähig, wer das siebente Lebensjahr noch nicht vollendet hat. Natalie ist sechs Jahre alt. Sie kann also noch keine wirksamen Kaufverträge abschließen.

9. Der Händler und Nora Yilmaz müssten einen wirksamen Kaufvertrag geschlossen haben. Der Kaufvertrag könnte aber nichtig sein, weil Nora Yilmaz erst 17 Jahre alt und damit nach § 107 BGB beschränkt geschäftsfähig ist. Gemäß § 108 BGB hängt die Wirksamkeit des Vertrags von der Genehmigung des Vertreters ab, wenn der Minderjährige ohne Einwilligung des gesetzlichen Vertreters handelt. Hier war es so, dass die Eltern im Nachhinein mit dem Geschäft einverstanden waren. Erst als sie ihre Genehmigung des Rechtsgeschäfts erklärten, war der Kaufvertrag wirksam. Vor der Genehmigung war das Rechtsgeschäft schwebend unwirksam.

10. Der Händler hat gegen die Schülerin einen Anspruch auf Zahlung des Kaufpreises gemäß § 433 Abs. 2 BGB, wenn ein wirksamer Kaufvertrag zwischen den beiden vorliegt.

Magdalena Rander ist minderjährig und deshalb gemäß § 106 Abs. 2 BGB nur beschränkt geschäftsfähig. Nach § 131 Abs. 2 S. 2 BGB kann einem Minderjährigen eine Willenserklärung nur dann ausnahmsweise zugehen, wenn sie ihm lediglich einen rechtlichen Vorteil bringt oder der gesetzliche Vertreter vor dem Rechtsgeschäft seine Einwilligung dazu erteilt hat. Grundsätzlich ist die Willenserklärung nur wirksam, wenn sie dem gesetzlichen Vertreter zugegangen ist (§ 131 Abs. 2 S. 1 BGB).

Das **Angebot** des Händlers war lediglich rechtlich vorteilhaft, denn aufgrund des bloßen Angebots des Händlers ist Magdalena Rander nicht rechtlich verpflichtet. Für eine Wirksamkeit des Angebots genügte damit ein Zugang bei der Minderjährigen gemäß § 131 Abs. 2 S. 2 BGB.

Magdalena Rander hat das Angebot **angenommen**. Die Wirksamkeit dieser Annahmeerklärung beurteilt sich nach §§ 107–113 BGB. Das Rechtsgeschäft war nicht lediglich rechtlich vorteilhaft für Magdalena Rander. Ein lediglich rechtlich vorteilhaftes Geschäft liegt vor, wenn das Rechtsgeschäft weder zu einer Verminderung von Rechten noch zu einer Vermehrung von Pflichten führt. Zwar mag der Kauf rein materiell betrachtet ein gutes Geschäft sein, aber die Schülerin wäre ihrerseits verpflichtet, den Kaufpreis gemäß § 433 Abs. 2 BGB zu bezahlen. Die Eltern hätten gemäß § 107 BGB vorab einwilligen müssen.

Die Rechtsfolge ist, dass das Rechtsgeschäft nun bis zur Genehmigung durch die Eltern gemäß § 108 Abs. 1 BGB schwebend unwirksam ist, d. h., dass die Annahme nur wirksam ist, wenn die Eltern von Magdalena Rander diese nachträglich genehmigen würden. Die Eltern sind aber auch nachträglich nicht einverstanden mit dem Rechtsgeschäft ihrer Tochter.

Da Magdalena Rander erst 100,00 € angezahlt hat, greift § 110 BGB (**Taschengeldparagraph**) nicht ein.

Der Händler bekommt den Kaufpreis für die Kamera weder von den Eltern noch von Magdalena Rander, weil die Annahmeerklärung von der Schülerin nicht wirksam war. Er kann aber die Kamera gemäß § 812 Abs. 1 S. 1 BGB von Magdalena Rander verlangen.

Eine ausführlichere Lösung im Gutachtenstil finden Sie unter BuchPlusWeb. Web

11. Thorsten Himmelberg ist minderjährig und deshalb wäre das Rechtsgeschäft bis zur Genehmigung durch seine Eltern schwebend unwirksam.

Aber hier könnte § 110 BGB eingreifen. § 110 BGB besagt, dass ein von dem Minderjährigen ohne Zustimmung des gesetzlichen Vertreters geschlossener Vertrag von Anfang an als wirksam gilt, wenn der Minderjährige die vertragsmäßige Leistung mit Mitteln bewirkt, die ihm zu diesem Zweck oder zu freier Verfügung von dem Vertreter oder mit dessen Zustimmung von einem Dritten überlassen worden sind. Thorsten Himmelberg bekommt 15,00 € Taschengeld zur freien Verfügung. Indem ihm die Eltern dieses Taschengeld überlassen, willigen sie stillschweigend ein, dass ihr Kind über diesen Betrag frei verfügen kann. Diese stillschweigende Einwilligung ist aber u. a. dadurch beschränkt, dass der Minderjährige die Leistung schon voll bewirkt haben muss (§ 110 BGB). Mit Bewirken ist die Erfüllung gemäß § 362 BGB gemeint. Thorsten Himmelberg hat aber ein Abonnement abgeschlossen, das monatlich bezahlt wird. Bisher hat er noch gar nichts bezahlt.

Die Regelung des § 110 BGB besagt nicht, dass ein Rechtsgeschäft schon dadurch wirksam wird, wenn der Minderjährige bloß beabsichtigt, es mit eigenen Mitteln zu erfüllen. Erst die vollständige Erfüllung der Verpflichtung aus dem Rechtsgeschäft mit eigenen Mitteln führt zum Wirksamwerden des Vertrags. § 110 BGB führt daher nicht zur Wirksamkeit des Vertrags, unabhängig davon, ob Thorsten die übergebenen Mittel von seinen Eltern zur freien Verfügung überlassen wurden.

Mangels einer konkludenten Einwilligung war der Vertrag zunächst schwebend unwirksam. Aber die Eltern genehmigen den Vertrag auch nachträglich nicht. Die Verweigerung der Genehmigung kann gemäß § 182 Abs. 1 BGB sowohl Thorsten als auch gegenüber dem Anbieter erklärt werden. Rechtsfolge der Verweigerung ist, dass Thorsten nicht zahlen muss.

12. Die Schwester hat nur einen Anspruch auf Zahlung von 60,00 € gegen Lisa Wohlgemuth, wenn ein wirksamer Kaufvertrag zustande gekommen ist.

Lisa ist als Minderjährige beschränkt geschäftsfähig (§ 106 BGB). Die Willenserklärung eines beschränkt Geschäftsfähigen ist gemäß § 107 BGB grundsätzlich nur mit der Einwilligung des gesetzlichen Vertreters, also hier von Lisas Eltern, wirksam. Lisas Eltern brachten mit ihrem Versprechen, ihrer Tochter die Stiefel zu kaufen, sobald sie ein günstiges Angebot sehen, gerade zum Ausdruck, dass Lisa nicht auf eigene Faust handeln sollte. Eine Einwilligung liegt also nicht vor.

Das Rechtsgeschäft ist auch nicht lediglich rechtlich vorteilhaft für Lisa, denn sie wäre aus dem Rechtsgeschäft ihrerseits verpflichtet, 60,00 € für die Stiefel zu bezahlen. Kaufverträge sind insofern nie rechtlich vorteilhaft, denn einer der Vertragspartner ist stets zur Zahlung des Kaufpreises oder zur Übergabe der Sache verpflichtet.

Die Eltern haben das Rechtsgeschäft nach § 108 Abs. 1 BGB aber genehmigt, indem sie nachträglich zustimmten. Wie sich aus § 182 Abs. 1 BGB ergibt, kann diese Genehmigung sowohl gegenüber Lisa als auch gegenüber der Schwester abgegeben werden. Hier haben die Eltern ihrer Tochter gegenüber ihr Einverständnis erklärt und so eine Genehmigung des Rechtsgeschäfts erteilt. Das Rechtsgeschäft ist daher gemäß § 108 Abs. 1 BGB zunächst wirksam geworden.

Diese Genehmigung ist aber gemäß § 108 Abs. 2 S. 1 BGB unwirksam geworden. Die Schwester hat bei Lisas Eltern angerufen und sie nach der Genehmigung gefragt. Durch diese Aufforderung kann die Erklärung der Genehmigung nur gegenüber der Schwester erfolgen. Durch die Verweigerung ist der Vertrag endgültig unwirksam geworden und die Schwester hat keinen Anspruch auf Zahlung von 60,00 € gegen Lisa Wohlgemuth.

Zwischen der Schwester und Lisas Eltern liegt kein Kaufvertrag vor, denn die Vertragsverhandlungen fanden allein mit Lisa statt.

Web Eine ausführlichere Lösung im Gutachtenstil finden Sie unter BuchPlusWeb.

13. a) Jörg Monsdorf kann seine Erklärung nur anfechten, wenn ein Anfechtungsgrund gegeben ist. Als Anfechtungsgrund kommt grundsätzlich ein Irrtum in Betracht. Ein Irrtum ist das unbewusste Auseinanderfallen von Wille und Erklärung. Hier liegt ein Erklärungsirrtum gemäß § 119 Abs. 1 2. Alt. BGB vor, weil sich Jörg Monsdorf verschrieben hat. Dieser Irrtum ist auch ursächlich für die Abgabe der Erklärung. Wenn er nun die Anfechtung gemäß § 143 BGB innerhalb der Anfechtungsfrist gemäß § 121 BGB erklärt, kann er sich von seiner Willenserklärung, d. h. dem Angebot, lösen. Die Rechtsfolge ist, dass das Rechtsgeschäft gemäß § 142 Abs. 1 BGB von Anfang an als nichtig anzusehen ist.

b) Die Anfechtungsfrist könnte von Jörg Monsdorf nicht gewahrt worden sein. Gemäß § 121 Abs. 1 BGB muss in den Fällen der §§ 119, 120 BGB die Anfechtung ohne schuldhaftes Zögern (unverzüglich) erfolgen, nachdem der Anfechtungsberechtigte von dem

Anfechtungsgrund Kenntnis erlangt hat. Hier lässt sich Jörg Monsdorf zwei Wochen Zeit, bis er sich bei dem Käufer meldet. Damit ist die Anfechtungsfrist nicht gewahrt und das Rechtsgeschäft ist nicht von Anfang an als nichtig anzusehen.

14. Daniel Holzrichter kann seine Willenserklärung nur anfechten, wenn er einen Anfechtungsgrund hat. Er hat ein Käsebrötchen bestellt, denn nach dem Kölner Dialekt wird das „halver Hahn" genannt. Er wünschte jedoch ein halbes Brathähnchen zum Essen. Sein Wille und seine Erklärung fallen also auseinander. Gemäß § 119 Abs. 1 1. Alt. BGB liegt ein Inhaltsirrtum vor, wenn der Erklärende bei der Abgabe der Erklärung über deren Inhalt im Irrtum war. Genauso verhält es sich hier: Der Student irrte über den Gegenstand des Geschäfts. Dieser Irrtum war auch ursächlich für die Abgabe der Erklärung. Hätte Daniel Holzrichter gewusst, dass mit „halver Hahn" ein Käsebrötchen gemeint ist, hätte er sich dieses Essen nicht bestellt. Jetzt müsste er noch eine Anfechtungserklärung innerhalb der Frist des § 121 BGB abgeben, dann könnte er sich von seiner Willenserklärung losen und das Rechtsgeschäft wäre von Anfang an als nichtig gemäß § 142 Abs.1 BGB anzusehen.

15. Der Autoverkäufer müsste einen Anfechtungsgrund haben. In Betracht kommt der Anfechtungsgrund gemäß § 119 Abs. 2 BGB. Danach gilt als Irrtum über den Inhalt der Erklärung auch der Irrtum über solche Eigenschaften der Person oder der Sache, die im Verkehr als wesentlich angesehen werden. Der Autoverkäufer irrt hier über die Bonität von Christina Knoche. Beim Abschluss eines Ratenzahlungsvertrags ist die Bonität des Schuldners als verkehrswesentliche Eigenschaft anzusehen.

Dieser Irrtum war ursächlich dafür, dass der Autoverkäufer überhaupt eine solche Willenserklärung abgegeben hat. Hätte er gewusst, dass die finanzielle Situation von Christina Knoche so schlecht ist, dann hätte er auf Barzahlung bestanden. Er könnte sich also von dem Vertrag lösen, wenn er die Anfechtung gegenüber seiner Vertragspartnerin innerhalb der Frist des § 121 BGB, d. h. ohne schuldhaftes Zögern, erklären würde.

16. Damit Dimitri Kosics den Kaufvertrag anfechten kann, müsste er einen Anfechtungsgrund haben. Daran fehlt es hier aber, denn bei seiner Willensäußerung hat Dimitri Kosics keinen Fehler gemacht. Er hat genau den Anzug zu dem Preis gewählt, den er auch kaufen wollte. Es liegt aber ein Fehler in der Willensbildung vor, denn Dimitri Kosics wollte den Anzug aufgrund seiner bevorstehenden Hochzeit kaufen, aus der aber nichts geworden ist. Er handelte aufgrund eines Motivirrtums. Dieser ist jedoch juristisch gesehen unbeachtlich und berechtigt nicht zu einer Anfechtung.

17. Ludmilla Wahrig hätte einen Anspruch auf Zahlung des Kaufpreises gegenüber Kurt Haferkorn gemäß § 433 Abs. 2 BGB, wenn der Anspruch nicht wirksam angefochten wurde.

Kurt Haferkorn hat gemäß § 143 Abs. 1 BGB die **Anfechtung** gegenüber Ludmilla Wahrig **erklärt**, weil er ihr gegenüber die Zahlung des Kaufpreises mit der Begründung verweigert hat, er sei von ihr betrogen worden. Es ist nicht erforderlich, dass der Anfechtende das Wort „Anfechtung" verwendet. Er genügt, wenn er seinen Willen, das Rechtsgeschäft nicht gelten lassen zu wollen, klar zum Ausdruck bringt.

Als **Anfechtungsgrund** kommt eine Anfechtung **wegen arglistiger Täuschung** gemäß § 123 Abs. 1 1. Alt. BGB in Betracht. Danach ist derjenige zur Anfechtung berechtigt, der durch arglistige Täuschung zur Abgabe einer Willenserklärung bestimmt worden ist.

Ludmilla Wahrig hat die Wirtschaftlichkeit der GmbH durch Verschweigen hoher Verbindlichkeiten besser dargestellt, als sie tatsächlich ist. Sie hat aber nicht aktiv z. B. eine gefälschte Bilanz vorgelegt. Die Täuschung beruht also darauf, dass sie es unterlassen hat, Kurt Haferkorn umfassend aufzuklären. Eine Täuschung durch Unterlassen verwirklicht aber nur derjenige, der entgegen einer Aufklärungspflicht die Entstehung eines Irrtums nicht verhindert oder einen entstandenen Irrtum nicht beseitigt. Ludmilla Wahrig hätte also nur eine Täuschung begangen, wenn sie über die tatsächliche finanzielle Lage der GmbH hätte aufklären müssen. Das Zivilrecht kennt keine allgemeine Aufklärungspflicht. Ob und inwieweit eine Ausnahme von dieser Regel anzunehmen ist, ist nach der Verkehrsauffassung unter Berücksichtigung von Treu und Glauben gemäß § 242 BGB und den Umständen des Einzelfalls zu entscheiden. Derartige zivilrechtliche Aufklärungspflichten werden angenommen, wenn der andere Vertragspartner ein überlegenes Fachwissen hat oder wenn die verschwiegenen Umstände von offensichtlich ausschlaggebender Bedeutung für die Kaufentscheidung sind. Hier sind beide Ausnahmefälle gegeben, denn Ludmilla Wahrig war die alleinige Informationsquelle für Kurt Haferkorn und hätte ihm auch alle Verbindlichkeiten der GmbH benennen können. Zudem ist ihr auch klar gewesen, dass diese wesentlichen Verbindlichkeiten für Kurt Haferkorn von ausschlaggebender Bedeutung für die Kaufentscheidung waren. Ludmilla Wahrig traf also eine Aufklärungspflicht und ihr Unterlassen ist einem aktiven Tun gleichgestellt.

Kurt Haferkorn **irrte** über die finanzielle Lage der GmbH, weil ihm hohe Verbindlichkeiten verschwiegen worden sind. Er hätte bei umfassender Aufklärung den GmbH-Anteil nicht gekauft. **Kausalität** ist also gegeben.

Eine Anfechtung nach § 123 Abs. 1 1. Alt. BGB setzt **Arglist** beim Täuschenden voraus.

Ludmilla Wahrig kannte die desolate finanzielle Lage der GmbH und sie ahnte, dass Kurt Haferkorn von dem Kauf Abstand genommen hätte oder zumindest einen deutlich geringeren Kaufpreis für den GmbH-Anteil gezahlt hätte, wenn er Bescheid gewusst hätte. Von der **Widerrechtlichkeit** der Täuschung ist ebenfalls auszugehen.

Als Anfechtungsgrund kommt hier noch ein **Eigenschaftsirrtum** von Kurt Haferkorn in Betracht. Der GmbH-Anteil stellt eine Sache i. S. d. § 119 Abs. 2 BGB dar. Die Wirtschaftlichkeit der GmbH ist auch eine verkehrswesentliche Eigenschaft des GmbH-Anteiles, da dadurch unmittelbar der Wert des Anteils bestimmt wird.

Aber: Die Anfechtung gemäß § 123 Abs. 1 1. Alt BGB ist für Kurt Haferkorn günstiger, weil dadurch nicht gemäß § 122 BGB eine Schadensersatzpflicht für ihn ausgelöst wird.

Es ist davon auszugehen, dass Kurt Haferkorn die **Anfechtungsfrist** gemäß § 124 BGB eingehalten hat.

Der Kaufvertrag zwischen Ludmilla Wahrig und Kurt Haferkorn ist infolge einer Anfechtung gemäß § 142 Abs. 1 BGB von Beginn an als nichtig anzusehen.

Eine ausführlichere Lösung im Gutachtenstil finden Sie unter BuchPlusWeb.

18. Die Stellvertretung müsste zunächst zulässig sein. Außer bei höchstpersönlichen Rechtsgeschäften ist eine Stellvertretung bei jedem Rechtsgeschäft zulässig. Die Bestellung des Mittagessens ist also unproblematisch. Eine Testamentserrichtung ist aber gemäß § 2064 BGB nur persönlich möglich. Da hilft es nichts, wenn Sonja Kliemke den Inhalt genau mit ihrem Assistenten besprochen hat. Sie darf sich bei der Testamentserrichtung nicht vertreten lassen.

19. Corinna Sturm hat ihrer Schwester sehr genaue Vorgaben gemacht, welches Buch sie kaufen soll. Die Schwester hatte bei der Willenserklärung keinen eigenen Spielraum. Deshalb hat die Schwester als Botin für Corinna Sturm gehandelt, was sie auch so ausgedrückt hat. Der Kaufvertrag ist zwischen dem Buchhändler und Corinna Sturm zustande gekommen.

20. **a)** Sabrina Geider könnte Empfangsbotin ihres Chefs sein. Empfangsbote ist, wer geeignet und bestimmt ist, Erklärungen an den Empfänger zu überbringen. Als Sekretärin hat sie die Aufgabe, Nachrichten und Mitteilungen an ihren Chef weiterzuleiten. Das Risiko der Nicht- oder Falschübermittlung trägt in einem solchen Fall allerdings der Empfänger, der die betreffende Person als Empfangsboten eingesetzt hat. Der Vertrag ist also über 500 Kartons zustande gekommen. Das Angebot von Alfons Tegtmeyer geht in dem Augenblick dem Chef von Sabrina Geider zu, als mit Weiterübermittlung an ihn zu rechnen ist.

b) Der Sohn ist weder geeignet noch dazu bestimmt, der Empfangsbote seines Vaters zu sein. Er ist lediglich Erklärungsbote von Alfons Tegtmeyer. Das Risiko der falschen Übermittlung liegt deshalb im Bereich von Alfons Tegtmeyer. Die Erklärung ist so wirksam, wie sie von dem Jungen übermittelt wird. Allerdings könnte Alfons Tegtmeyer die Erklärung gemäß § 120 BGB anfechten.

21. Der Kaufvertrag über das Buch ist zwischen dem Arbeitskollegen und dem Buchhändler zustande gekommen, denn Astrid Milzner überbrachte keine eigene Willenserklärung. Sie hat das Buch im Namen ihres Arbeitskollegen gekauft.

Der Vertrag könnte durch Anfechtung gemäß § 142 BGB von Anfang an als nichtig anzusehen sein. Dann müsste der Arbeitskollege einen Anfechtungsgrund gehabt haben. In Betracht kommt der Anfechtungsgrund gemäß § 120 BGB. Gemäß § 120 BGB kann eine Willenserklärung, welche durch die zur Übermittlung verwendete Person oder Einrichtung unrichtig übermittelt worden ist, unter der gleichen Voraussetzung angefochten werden wie nach § 119 BGB eine irrtümlich abgegebene Willenserklärung.

Astrid Milzner hat die Willenserklärung nicht richtig übermittelt, sie hat das falsche Buch aus dem Regal gegriffen. Der Arbeitskollege hat die Anfechtung unter Wahrung der Anfechtungsfrist gemäß § 121 BGB für wirksam erklärt.

Der Vertrag ist von Anfang an als nichtig anzusehen.

22. Die GmbH kann den Anspruch auf Zahlung des Kaufpreises für die Farbe gemäß § 433 Abs. 2 BGB gegen Hermann Gessler nur geltend machen, wenn sie als juristische Person rechtsfähig ist, denn nur dann kann sie Inhaberin eines Anspruchs sein. § 13 Abs. 1 GmbHG weist die GmbH als selbstständigen Träger von Rechten und Pflichten aus, somit kann die GmbH – vertreten durch den Geschäftsführer – einen Anspruch geltend machen.

Es ist ein wirksamer Kaufvertrag zwischen der Selbermacher-GmbH und Hermann Gessler zustande gekommen, auf dessen Grundlage die Zahlung des Kaufpreises gemäß § 433 Abs. 2 BGB verlangt werden kann.

Die Selbermacher-GmbH ist als juristische Person zwar rechtsfähig, sie kann aber nicht selbst, sondern nur durch einen Vertreter, also eine natürliche Person, handeln. In diesem Fall wurde sie durch den Verkäufer vertreten (Stellvertretung gemäß § 164 Abs. 1 Abs. 3 BGB). Da er im Rahmen seiner Tätigkeit als Verkäufer gehandelt hat und auch keine gegenteiligen Angaben vorliegen, ist davon auszugehen, dass die Stellvertretung wirksam war und er somit einen wirksamen Kaufvertrag für die Selbermacher-GmbH abgeschlossen hat.

Die Selbermacher-GmbH kann die Zahlung des Kaufpreises gemäß § 433 Abs. 2 BGB von Hermann Gessler verlangen.

Web

Eine ausführlichere Lösung im Gutachtenstil finden Sie unter BuchPlusWeb.

23. Ein Anspruch auf Zahlung des Kaufpreises besteht nur, wenn ein **wirksamer Kaufvertrag** gemäß § 433 BGB zwischen dem Autohändler und Dominique Breuer geschlossen worden wäre. Dominique Breuer hat selbst keine Vertragsverhandlungen geführt, aber vielleicht wurde er wirksam von Jasmin Tirpitz gemäß § 164 BGB vertreten.

Die Voraussetzungen der Stellvertretung liegen bis auf die **Vertretungsmacht** unproblematisch vor. Die Stellvertretung setzt nach § 164 Abs. 1 S. 1 BGB voraus, dass der Vertreter seine Willenserklärung innerhalb der ihm zustehenden Vertretungsmacht abgibt. Die Vertretungsmacht kann auf rechtsgeschäftlicher, organschaftlicher oder gesetzlicher Grundlage beruhen. Jasmin Tirpitz hatte Prokura. Die Prokura ist eine rechtsgeschäftlich erteilte, in ihrem Umfang jedoch gesetzlich geregelte besondere Form der Vertretungsmacht i. S. d. § 164 BGB. Diese Grenzen der ihr zustehenden Vertretungsmacht hat Jasmin Tirpitz im Innenverhältnis aber überschritten und damit die Vertretungsmacht missbraucht.

Der Umfang der Prokura ist gesetzlich geregelt. Grundsätzlich ermächtigt die Prokura gemäß § 49 Abs. 1 HGB zu allen Rechtshandlungen, die der Betrieb eines Handelsgewerbes mit sich bringt. Aber Dominique Breuer hatte Jasmin Tirpitz angehalten, bei allen Rechtsgeschäften, die einen Geldbetrag von 50 000,00 € überschreiten, Rücksprache zu halten. Eine solche Beschränkung der Vollmacht im Innenverhältnis kann mit Blick auf die Privatautonomie auch wirksam vereinbart werden. Nach § 50 Abs. 1 HGB ist eine Beschränkung des Umfangs der Prokura Dritten (also etwaigen Vertragspartnern) gegenüber unwirksam. Wird einem Vertreter Prokura erteilt, so darf der Geschäftspartner darauf vertrauen, dass sie in vollem Umfang besteht und nicht im Innenverhältnis beschränkt ist. Von einer solchen Beschränkung hat der Geschäftspartner regelmäßig keine Kenntnis, also ist er grundsätzlich schutzwürdig. Jasmin Tirpitz überschreitet zwar ihr rechtliches Dürfen, bewegt sich aber innerhalb ihres rechtlichen Könnens (sogenannter Missbrauch der Vertretungsmacht). Grundsätzlich wirkt ein Rechtsgeschäft selbst dann für und gegen den Vertretenen, wenn der Bevollmächtigte die im Innenverhältnis gesetzten Grenzen missachtet.

Etwas anderes gilt aber dann, wenn der Geschäftsgegner ausnahmsweise nicht schutzwürdig ist. Dann muss der Vertretene das Geschäft nicht gegen sich gelten lassen. Das kann vorkommen, wenn z. B. der Vertreter und der andere Geschäftspartner wissen, dass das Rechtsgeschäft von der Vollmacht im Innenverhältnis nicht umfasst wird.

Der Autohändler hat einen Anspruch auf Zahlung des Kaufpreises von 60 000,00 € gegen Dominique Breuer aus dem Kaufvertrag gemäß § 433 Abs. 2 BGB.

Web

Eine ausführlichere Lösung im Gutachtenstil finden Sie unter BuchPlusWeb.

2.4 Leistungsstörungen beim Kaufvertrag feststellen

1. a) Peter Nordmann sollte die Auktion sofort abbrechen. Liegen besondere Gründe vor, z. B. wenn der angebotene Artikel kaputtgeht, ist das möglich.
   b) Geht das Becken dann kaputt, ist die Leistung gemäß §§ 280 Abs. 1 und 3, 283 BGB nachträglich unmöglich geworden und die Rechtsfolgen der nachträglichen Unmöglichkeit greifen ein. Der Ersteigerer kann Schadensersatz statt der Leistung verlangen.

2. Zwischen Luca Kampmann und Linda Mertens liegt ein **wirksamer Kaufvertrag** über das Smartphone vor, aber der Anspruch aus dem Vertrag ist gemäß § 275 Abs. 1 BGB erloschen. Linda Mertens ist es nachträglich unmöglich geworden, das Smartphone zu übereignen, weil sie es an ihre Freundin verkauft und übereignet hat.

   Luca Kampmann kann nun **Schadensersatz statt der Leistung** verlangen. Er ist so zu stellen, wie er stehen würde, wenn Linda Mertens ihre Pflichten korrekt erfüllt hätte. Luca Kampmann hätte bei ordnungsgemäßer Vertragserfüllung von Linda Mertens ein Smartphone zum Preis von 150,00 € bekommen, das aber in Wirklichkeit 300,00 € wert gewesen wäre. Sein Vermögen wäre also um 150,00 € gewachsen. Daher kann er 150,00 € von Linda Mertens verlangen.

   Eine ausführlichere Lösung im Gutachtenstil finden Sie unter BuchPlusWeb. Web

3. a) Zwischen Mike Racke und Ulf Bösert ist ein Kaufvertrag gemäß § 433 Abs. 1 BGB über die Lieferung von 100 Brettern Buchenholz (100 cm × 20 cm) zustande gekommen. Diese Leistung ist auch nicht gemäß § 275 BGB unmöglich geworden. Zwar sind alle Bretter im Lager von Mike Racke verbrannt, aber die Bretter sind noch am Markt erhältlich, denn es handelt sich um ganz gewöhnliche Buchenholzbretter in einem Standardmaß. Daher kann Mike Racke die Bretter noch liefern, auch wenn er diese neu beschaffen müsste, da eine unbeschränkte Gattungsschuld vorliegt. Eine Vertragsauslegung gemäß §§ 133, 157 BGB ergibt, dass eine unbegrenzte Beschaffungspflicht nicht durch eine Vereinbarung der beiden Vertragsparteien eingegrenzt wurde. Eine Konkretisierung der Bretter gemäß § 243 Abs. 2 BGB ist auch nicht eingetreten. Mike Racke hätte dann zur Leistung der Bretter seinerseits bereits alles Erforderliche getan haben müssen. Er hat aber weder die Bretter passend zurechtgesägt, noch hat er sie gesondert zur Abholung aufgestellt. Mike Racke muss gemäß § 243 Abs. 1 BGB nur ein Sache von mittlerer Art und Güte liefern. Er muss also die Bretter neu beschaffen und liefern.
   b) In diesem Fall ist eine Konkretisierung der Leistung gemäß § 243 Abs. 2 BGB eingetreten, da bestimmte Bretter gesondert abgestellt wurden. Die beiden Vertragspartner haben eine Holschuld vereinbart und Mike Racke hat das seinerseits Erforderliche zur Vertragserfüllung getan. Er muss die Bretter nun nicht noch einmal liefern, denn er schuldete nur die ausgesonderten Bretter. Gleichzeitig entfällt aber auch sein Anspruch auf Kaufpreiszahlung gemäß § 326 Abs. 1 BGB.

4. Zwar ist ein vertraglicher Anspruch auf Lieferung und Übereignung der Flasche des besonderen Whiskys gemäß § 433 Abs. 1 BGB entstanden, aber vor der Übereignung wurde die Flasche zerstört. Es handelt sich auch nicht um eine Gattungsschuld, denn es ging um die letzte verbliebene Flasche dieses besonderen Whiskys. Der Inhaber der Destillerie ist also von seiner Leistungspflicht gemäß § 275 Abs. 1 BGB befreit. Der Inhaber hat gemäß § 326 Abs. 1 BGB jedoch auch keinen Anspruch auf Kaufpreiszahlung gegen Jacqueline Klann.

5. Thomas Rinter kann **Schadensersatz** für den Neukauf des Buchs gemäß § 280 Abs. 1 BGB verlangen, denn Matthias Hissig hat die Rückgabepflicht aus dem Leihvertrag verletzt. Er hätte das Buch am 18.08.20.. zurückgeben müssen, was er aber versäumte.

   Aufgrund dieser **Verzögerung** ist Thomas Rinter ein **Schaden entstanden**. Matthias Hissig befand sich zum Zeitpunkt des Schadenseintritts, als Thomas Rinter das Buch neu kaufen musste, in **Verzug**. Die Voraussetzungen für den Verzug liegen unproblematisch vor. Eine **Mahnung** war gemäß § 286 Abs. 2 Nr. 1 BGB entbehrlich, weil für die Rückgabe des Buchs eine Zeit nach dem Kalender bestimmt war.

   Thomas Rinter hat gegen Matthias Hissig einen Anspruch auf **Ersatz der Anschaffungskosten** für das neue Buch gemäß §§ 280 Abs. 1, 2, 286 BGB.

   Web

   Eine ausführlichere Lösung im Gutachtenstil finden Sie unter BuchPlusWeb.

6. Zwischen Jule Hansen und dem Reifenlieferanten besteht ein Kaufvertrag gemäß § 433 Abs. 1 BGB. Aufgrund dieses Kaufvertrags hätte die Lieferung der gewünschten Reifen am 29.04.20.. erfolgen müssen. Diese Pflicht hat der Lieferant aber verletzt. Das muss er gemäß § 280 Abs. 1 BGB auch vertreten.

   Zudem liegen die Voraussetzungen des § 286 BGB vor. Jule Hansen macht eine Gewinneinbuße geltend. Diese Gewinneinbuße ist entstanden, weil der Lieferant die Reifen nicht rechtzeitig geliefert hat und so die Bollerwagen vor den Feiertagen nicht alle einsatzbereit waren. Gemäß § 280 Abs. 2 BGB müssen die zusätzlichen Voraussetzungen des § 286 BGB, also des Verzugs, erfüllt sein. Diese sind unproblematisch, allerdings hat Jule Hansen den Lieferanten nicht gemahnt. Aber die beiden haben vereinbart, dass die Reifen immer drei Tage nach Abruf geliefert werden sollen. Dieser Abruf ist als ein Ereignis i. S. d. § 286 Abs. 2 Nr. 2 BGB zu bewerten. Deshalb ist eine Mahnung entbehrlich. Für die Leistung ist ab diesem Ereignis auch eine angemessene Zeit von drei Tagen für die Lieferung vereinbart worden.

   Jule Hansen hat einen Anspruch auf Ersatz des Verzögerungsschadens, also auf Ersatz der Gewinneinbuße von 450,00 € aus §§ 280 Abs. 1, 2, 286 BGB.

7. Zwischen Sebiha Tali und dem Händler besteht ein Kaufvertrag gemäß § 433 BGB über eine Waschmaschine. Der Händler hat ordnungsgemäß seine Pflicht aus dem Vertrag erfüllt, denn er hat die Waschmaschine in der vereinbarten Woche geliefert. Dass er es erst am Ende der Woche getan hat, spielt keine Rolle, denn es wurde nicht vertraglich vereinbart, wann genau er die Waschmaschine innerhalb der Woche zu liefern hat. Deshalb besteht kein Anspruch auf Erstattung der 7,00 €.

8. Hussein Amarak kann die Leihwagenkosten vom Dienstag nicht zurückverlangen. Zwar liegt zwischen dem Werkstattleiter und ihm ein Werkvertrag gemäß § 631 BGB vor, nach der die Reparatur des Wagens geschuldet wird. Die Pflichten aus diesem Vertrag hat der Werkstattleiter auch verletzt, indem er die Reparatur nicht so schnell wie möglich durchgeführt hat, aber zu dem Zeitpunkt als Hussein Amarak die Kosten für den Leihwagen ausgibt, hat er den Werkstattleiter noch nicht gemahnt. Eine Mahnung gemäß § 286 Abs. 1 BGB ist aber eine der Voraussetzungen für einen Verzug. Ein Verzug liegt also nicht vor.

Hussein Amarak kann die Leihwagenkosten vom Montag zurückverlangen, denn als er den Mietwagen in Anspruch nahm, befand sich der Werkstattleiter durch den Anruf vom Freitag in Verzug. Hussein Amarak hat ihn dadurch wirksam gemahnt. Dass er zeitgleich mit der Mahnung eine Frist bis zur kommenden Woche setzte, hinderte nicht die Entstehung des Verzugs. Hussein Amarak kann die Leihwagenkosten als Verzugsschaden gemäß § 286 BGB verlangen. Hätte der Werksstattleiter den Wagen pflichtgemäß und zügig repariert, wären diese Kosten nicht entstanden.

9. a) Sandro Peters muss dem Händler erst die Gelegenheit zur Reparatur gemäß § 439 BGB geben. Wenn die Konsole nicht in angemessener Frist repariert oder ihm kein mangelfreies Gerät geliefert wird, dann kann er vom Vertrag zurücktreten und bekommt sein Geld zurück.

b) Wenn Sandro Peters die Konsole im Internet gekauft hat, dann liegt ein sogenannter Fernabsatzvertrag gemäß § 312 c BGB vor. Gemäß § 312 g Abs. 1 BGB steht den Verbrauchern ein Widerrufsrecht innerhalb von 14 Tagen nach Vertragsschluss zu. Bei Waren ist zusätzlich erforderlich, dass diese beim Käufer eingegangen sind, was hier der Fall ist. Sandro Peters könnte sein Widerrufsrecht (unabhängig vom bestehenden Mangel) hier ausüben und könnte die Spielekonsole zurücksenden.

10. Susanne Ritterhaus hat einen Anspruch auf die Reparatur gemäß §§ 437 Nr. 1, 439 Alt. 1 BGB. Der aufgrund des Kaufvertrags übergebene Videoprojektor weist einen Mangel auf, denn er ist aufgrund eines Fehlers, der schon bei Gefahrübergang vorhanden war, kaputtgegangen. Aufgrund dieses Sachmangels hat Susanne Ritterhaus einen Nacherfüllungsanspruch gemäß §§ 437 Nr. 1, 439 Abs. 1 BGB. Dabei hat sie nach § 439 Abs. 1 BGB ein Wahlrecht zwischen Reparatur und Ersatzlieferung. Sie wünscht die Reparatur.

Die Reparatur ist in diesem Fall für den Händler auch nicht nur mit unverhältnismäßig hohen Kosten möglich, denn dazu gibt es keine Informationen im Sachverhalt. Deshalb kann der Händler ihr nicht die Einrede des § 439 Abs. 3 BGB entgegenhalten. Selbst wenn der Händler nicht über eine eigene Werkstatt verfügen würde, könnte er die Reparatur in einer fremden Werkstatt durchführen lassen.

Susanne Ritterhaus kann also auf der Reparatur gemäß §§ 437 Nr. 1, 439 Abs. 1 BGB bestehen und muss sich nicht auf ein neues Gerät verweisen lassen.

11. Zwischen Elke Nadler und dem Großhändler lag ein Vertrag über die Lieferung von fünf Kisten Äpfel der Sorte „Freiherr von Berlepsch" vor. Die gelieferte Sorte „Boskop" ist an sich nicht fehlerhaft, aber es war eine andere Kaufsache vereinbart worden. Gemäß § 434 Abs. 3 BGB steht es einem Sachmangel an der gelieferten Sache gleich, wenn nicht die geschuldete, sondern eine andere Sache geliefert wird.

Der Großhändler hat die Nacherfüllung deutlich verweigert. Deshalb ist eine Fristsetzung zur Nacherfüllung nach § 281 Abs. 2 Alt. 1 BGB entbehrlich. Elke Nadler kann einen Anspruch aus §§ 437 Nr. 3, 280 Abs. 1, 3, 281 BGB auf Zahlung der 15,00 € geltend machen.

12. Stefan Krosen hat gegen den Verkäufer keinen Anspruch auf Rückzahlung von 60,00 € gemäß §§ 437 Nr. 2, 441 Abs. 4 S. 1 BGB.

Die Mängelrechte sind anwendbar, weil zwischen Stefan Krosen und dem Verkäufer ein Kaufvertrag geschlossen wurde und der Gefahrübergang bei Übergabe des Spielhauses erfolgt ist.

Gemäß § 441 Abs. 1 BGB kann der Käufer den Kaufpreis durch Erklärung gegenüber dem Verkäufer mindern, wenn die Kaufsache einen Mangel hat.

Die Montageanleitung ist schwer verständlich, deshalb kommt ein Mangel nach § 434 Abs. 2 S. 2 BGB in Betracht. Allerdings ist es Stefan Krosen gelungen, das Spielhaus dennoch zusammenzubauen. Deshalb greift hier § 434 Abs. 2 S. 2 BGB ein. Danach ist die Montageanleitung nicht mangelhaft, wenn es gelingt, die Sache fehlerfrei zusammenzubauen. Genau das ist passiert: Klaus Rosen hat das Spielhaus zusammengebaut und deshalb hat er keinen Anspruch auf Minderung des Kaufpreises in Höhe von 60,00 €.

13. Die **Mängelrechte** sind **anwendbar**, denn es liegt ein **wirksamer Kaufvertrag** über die Box gemäß § 433 BGB vor und die Box wurde auch übergeben. Es liegt auch unstreitig ein **Fehler** i. S. d. Mängelrechts vor, denn der Akku ist defekt. Aber Benjamin Gritten kann nur eine neue Box gemäß §§ 437 Nr. 1, 439 BGB verlangen, wenn dieser Mangel der Box **bei Gefahrübergang** vorgelegen hat.

Hier sind die Vertragspartner aber nicht einer Meinung: Andreas Jeide behauptet, dass die Box mangelfrei gewesen und der Akku erst nach Gefahrübergang kaputtgegangen sei, und Benjamin Gritten vertritt den Standpunkt, dass die Box schon als sie ihm übergeben wurde, einen defekten Akku hatte. **Grundsätzlich** muss jede Vertragspartei die für sie günstigen Tatsachen im Streitfall beweisen, d. h., Benjamin Gritten müsste beweisen, dass die Box bereits einen Defekt hatte, als sie ihm übergeben wurde. Sonst kann er sich nicht auf Mängelrechte gemäß § 437 BGB berufen. Der Zustand der Box bei Übergabe ist allerdings nicht mehr nachvollziehbar, deshalb wäre es für Benjamin Gritten – wie für die meisten Käufer – hier schwierig, einen Beweis anzutreten. Aus diesem Grund hat der Gesetzgeber § 476 BGB eingefügt. Dabei handelt es sich um die **sogenannte Beweislastumkehr**. Es wird vermutet, dass die Sache bereits bei Gefahrübergang mangelhaft war, wenn sich der Mangel innerhalb von sechs Monaten nach Gefahrübergang zeigt. Das gilt aber nicht, wenn diese Vermutung mit der Art der Sache oder des Mangels unvereinbar ist.

Der Mangel an dem Akku zeigt sich drei Monate nach dem Kauf. Rein zeitlich betrachtet würde die Beweislastumkehr eingreifen, aber die Box weist äußere Beschädigungen auf, die darauf schließen lassen, dass der defekte Akku auf einer unsachgemäßen Behandlung der Box beruht und nicht schon bei der Übergabe der Box vorlag.

Also greift die Beweislastumkehr gemäß § 476 BGB hier nicht ein und es wird nicht vermutet, dass der Mangel bei Gefahrübergang vorlag. Benjamin Gritten hat keinen Anspruch auf Nachlieferung einer neuen Box gegen Andreas Jeide gemäß §§ 437 Nr. 1, 439 BGB.

Web

Eine ausführlichere Lösung im Gutachtenstil finden Sie unter BuchPlusWeb.

2.5 Arten von Kaufleuten und Unternehmensformen unterscheiden

1. a) Sander Helms ist kein Istkaufmann gemäß § 1 HGB, da er kein Handelsgewerbe betreibt. Zwar erfüllt die Spedition alle Voraussetzungen eines Gewerbes (Merkhilfe OPEGS-F), ein Handelsgewerbe liegt jedoch nur dann vor, wenn das Unternehmen nach Art und Umfang einen in kaufmännischer Weise eingerichteten Geschäftsbetrieb erfordert. Dies ist hier nicht der Fall, da Sander Helms nur einen geringen Umsatz erwirtschaftet und nur einen Teilzeitangestellten beschäftigt. Sander Helms ist auch kein Kannkaufmann gemäß § 2 HGB, da er nicht im Handelsregister eingetragen ist. Es gibt auch keine Anhaltspunkte dafür, dass er Fiktiv- oder Scheinkaufmann sein könnte. Sander Helms ist somit kein Kaufmann.
   b) Die Kaufmannseigenschaft ist für die Frage von Bedeutung, ob zwischen Sander Helms und der Rechtsanwalts- und Steuerberatungskanzlei Dr. Osorio und Partner, Partnergesellschaft, ein Vertrag zustande gekommen ist. Gemäß § 362 HGB kann unter Umständen Schweigen bei Kaufleuten als Vertragsannahme gelten. Wäre Sander Helms also Kaufmann, so könnte auch ohne eine Bestätigung der E-Mail von Elmira Alaoui ein wirksamer Vertrag zustande gekommen sein, aufgrund dessen die Kanzlei zur Zahlung der Rechnung verpflichtet wäre.
   c) Das im HGB geregelte Handelsrecht ist das Sonderprivatrecht der Kaufleute. Sofern es anwendbar ist, ergänzt, modifiziert oder ersetzt das HGB die sonst einschlägigen Vorschriften des BGB (vgl. Art. 2 Abs. 1 EGHGB).

2. a) Bei Personengesellschaften steht die persönliche Mitarbeit im Unternehmen im Vordergrund, während bei Kapitalgesellschaften der Schwerpunkt auf dem eingebrachten Kapital liegt.
   b) Da beide Gesellschafter über kein nennenswertes Kapital verfügen, bietet sich die Gründung einer Personengesellschaft an. Eine Kommanditgesellschaft (KG) scheidet dabei aus, da beide zu gleichen Teilen an der Gesellschaft beteiligt werden möchten und haften wollen. Bei einer KG würde hingegen nur der Komplementär die Gesellschaft vertreten und er würde auch nur gesamtschuldnerisch haften, während der Kommanditist nur bis zur Höhe der Einlage haftet. Infrage kommen somit als Gesellschaftsformen eine GbR und eine OHG, da für beide kein Mindestkapital erforderlich ist und nur mindestens zwei natürliche und/oder juristische Personen für die Gründung erforderlich sind.
   c) Eine GbR entsteht ohne Weiteres, wenn Raoul Rickert und Tanja Jeldrik ihre gemeinsame Tätigkeit aufnehmen. Für die Gründung einer OHG ist hingegen eine Eintragung ins Handelsregister erforderlich.
   d) Gemäß § 37 a HGB sind folgende Pflichtangaben zwingend auf Geschäftsbriefen bzw. in geschäftlichen E-Mails aufzunehmen: Firma, Ort der Handelsniederlassung, Registergericht, Nummer, unter der die Firma in das Handelsregister eingetragen ist.

3. a) Die Information findet sie in Abteilung A, in der die Personengesellschaften eingetragen werden.
   b) In Abteilung A (HRA) werden die Einzelunternehmen sowie die Personengesellschaften eingetragen. Im Einzelnen wird dort aufgeführt: Firma, Name des Geschäftsinhabers bzw. der persönlich haftende Gesellschafter, Ort der Niederlassung, Bestellung oder Abberufung der Prokuristen, Namen und Einlagen der Kommanditisten, Tag der Eintragung und Unterschrift des Registerbeamten. Abteilung B (HRB) enthält alle Kapitalgesellschaften, den Versicherungsverein auf Gegenseitigkeit sowie die Europäische

Gesellschaft. Im Einzelnen werden folgende Daten aufgeführt: Firma, Namen der Vorstandsmitglieder oder Geschäftsführer bzw. der persönlich haftenden Gesellschafter, Ort der Niederlassung, Gegenstand des Unternehmens, Höhe des Haftungskapitals, Abschluss des Gesellschaftsvertrags, Bestellung oder Abberufung der Prokuristen, Tag der Eintragung und Unterschrift des Registerbeamten.

c) Die Prokura ist in den §§ 48 ff. HGB geregelt. Sie ist die umfassendste Art der handelsrechtlichen Vollmachten. Sie umfasst gerichtliche und außergerichtliche Geschäfte und Rechtshandlungen, die der Betrieb eines Handelsgewerbes mit sich bringt. Einschränkungen sind im Innenverhältnis möglich, im Außenverhältnis jedoch unwirksam. Die Prokura kann nur von dem Inhaber des Handelsgeschäfts oder seinem gesetzlichen Vertreter und nur mittels ausdrücklicher Erklärung erteilt werden. Ihre Eintragung ins Handelsregister wirkt nur deklaratorisch.

d) Es gibt die Einzelprokura (§ 48 Abs. 1 HGB), die Gesamtprokura (§ 48 Abs. 2 HGB) und die Filialprokura (§ 50 Abs. 3 HGB).

e) Hat diese Person Prokura, so handelt sie mit Vertretungsmacht. Liegen auch die anderen Voraussetzungen einer wirksamen Stellvertretung (Abgabe oder Empfang einer eigenen Willenserklärung und Handeln in fremdem Namen) vor, so kommt ein Vertrag mit dem Vertretenen, also dem Unternehmen, zustande.

4. a) Sabine Fahringer hat einen Anspruch auf den Preisnachlass, da zwischen ihr und der Möbelhaus Maschner GmbH ein Vertrag über den reduzierten Preis zustande gekommen ist. Ingo Hartheim hat dabei als Stellvertreter gemäß § 164 Abs. 1 BGB gehandelt. Er hat erkennbar eine eigene Willenserklärung (nicht als Bote) im fremden Namen (für die Möbelhaus Maschner GmbH) abgegeben und handelte dabei auch mit und innerhalb seiner Vertretungsmacht. Eine entsprechende Vollmacht lag zwar nicht vor, da er vom Inhaber nicht ermächtigt wurde, Preisnachlässe auszuhandeln. Es lag jedoch eine Handlungsvollmacht vor. Gemäß § 54 HGB wird vermutet, dass jemand, der zur Vornahme einzelner zu einem Handelsgewerbe gehöriger Geschäfte ermächtigt wurde, auch dazu ermächtigt ist, alle Geschäfte, die gewöhnlich damit einhergehen, vorzunehmen. Bei dem Möbelhaus handelt es sich um ein Handelsgewerbe gemäß § 1 HGB. Ingo Hartheim wurde als Verkäufer ermächtigt, Geschäfte, die zu diesem Handelsgewerbe gehören, also den Verkauf von Möbeln, vorzunehmen. Das Verhandeln von Preisnachlässen gehört gewöhnlich zu dieser Art von Geschäft. Eine Beschränkung der Handlungsvollmacht gemäß § 54 Abs. 3 HGB kannte Sabine Fahringer nicht und musste sie auch nicht kennen.

b) Auch in diesem Fall ist ein wirksamer Vertrag zwischen Sabine Fahringer und der Möbelhaus Maschner GmbH über den reduzierten Preis zustande gekommen. Ingo Hartheim hat wiederum als Stellvertreter gemäß § 164 Abs. 1 BGB gehandelt, der eine eigene Willenserklärung im fremden Namen abgegeben hat. Er hat dabei auch mit und innerhalb seiner Vertretungsmacht gehandelt, da ihm Prokura erteilt wurde. Ingo Hartheim wurde wirksam Prokura gemäß § 48 HGB erteilt. Die Prokura muss von einem Kaufmann erteilt werden, was hier der Fall war, da der Inhaber eines Handelsgewerbes (Möbelhaus) Kaufmann ist. Die fehlende Eintragung ins Handelsregister ändert daran nichts, da die Eintragung gemäß § 53 Abs. 1 S. 1 HGB keine konstitutive, sondern nur deklaratorische Wirkung hat. Die Prokura umfasst gemäß § 49 Abs. 1 HGB alle Geschäfte, die der Betrieb irgendeines Handelsgewerbes mit sich bringt, somit auch das Aushandeln von Preisnachlässen. Eine Beschränkung der Prokura (darauf, keine Preisnachlässe auszuhandeln) wirkt nur im Innenverhältnis zwischen Ingo Hartheim und der Möbelhaus Maschner GmbH, gemäß § 50 Abs. 1 HGB jedoch nicht Dritten gegenüber. Es liegt auch kein Missbrauch der Vertretungsmacht vor, da dazu Ingo Hartheim zum einen bewusst zum Nachteil des Möbelhauses gehandelt haben müsste und zum anderen der Vertragspartner, also Sabine Fahringer, Kenntnis vom Missbrauch der Vertretungsmacht durch den Vertreter gehabt haben müsste. Dafür gibt es hier keine Anhaltspunkte.

5. a) Muhamad Baghdadi haftet als Kommanditist nur beschränkt mit seiner Einlage. Er ist also lediglich Teilhafter.

b) Laura Stegert haftet als Komplementärin gesamtschuldnerisch, unbeschränkt und unmittelbar mit ihrem gesamten Vermögen. Ihre Haftung ist also nicht beschränkt, d. h., sie ist Vollhafterin.

c) Vom Jahresgewinn erhalten sowohl Muhamad Baghdadi als auch Laura Stegert zunächst gemäß §§ 168 Abs. 1, 121 Abs. 1 und 2 HGB jeweils 4 % Verzinsung ihrer Kapitaleinlage. Muhamad Baghdadi erhält somit 4 % von 300 000,00 €, also 12 000,00 €, und Laura Stegert 4 % von 100 000,00 €, also 4 000,00 €. Ist darüber hinaus noch ein Gewinn vorhanden, wird dieser gemäß § 168 Abs. 2 HGB in einem angemessenen Verhältnis aufgeteilt. Wurde im Gesellschaftsvertrag dazu nichts geregelt, bietet sich hier eine Aufteilung entsprechend der Kapitaleinlage an. Muhamad Baghdadi erhält demnach drei Viertel des Gewinns, Laura Stegert ein Viertel. Ein eventueller Jahresverlust wird ebenfalls in angemessenem Verhältnis (¾ zu ¼) zwischen den Gesellschaftern verteilt.

6. a) Das Schreiben ist zu richten an: Badzubehör International GmbH & Co. KG, Rupprechtstraße 9, 91126 Schwabach, vertreten durch ihre Komplementärin Badzubehör International Beteiligungs-GmbH, diese wiederum vertreten durch ihre Geschäftsführerin Dr. Heike Fink.

b) Die GmbH haftet als Komplementärin gesamtschuldnerisch mit ihrem Gesellschaftsvermögen. Die Kommanditisten haften nur bis zur Höhe ihrer Einlage.

7. a) Die Kommanditgesellschaft auf Aktien (KGaA) ist eine Mischform zwischen Aktien- und Kommanditgesellschaft. Sie ist im Zweiten Buch des AktG in den §§ 278 ff. geregelt. Ihre Rechtsfähigkeit ergibt sich aus § 278 Abs. 1 AktG, sodass eine Klage direkt gegen sie gerichtet werden kann.

b) Sie wird durch den Vorstand, bestehend aus den Komplementären, vertreten (§ 278 Abs. 2 AktG, § 125 HGB).

2.6 Mahnschreiben erstellen

1. Lösungsbeispiel:

> Sehr geehrte Frau Marlow,
>
> mit Schreiben vom 15.10.2016 habe ich Ihnen meine Kostenendabrechnung übersandt. Bislang haben Sie diese jedoch noch nicht beglichen.
>
> Ich bitte deshalb nochmals um Überweisung des Rechnungsbetrags in Höhe von 618,25 € bis spätestens zum
>
> **19.11.2016**
>
> auf eines meiner unten aufgeführten Kanzleikonten.
>
> Freundliche Grüße
>
> Dr. Holger Appelt
> Rechtsanwalt

2. a) Lösungsbeispiel:

> Sehr geehrter Herr Kollege Feist,
>
> mit Schreiben vom 13.11.2016 haben wir Ihre Mandantin aufgefordert, die von ihr zu Unrecht in Besitz genommenen Fachbücher unserer Mandantin bis zum 30.11.2016 herauszugeben.
>
> Da diese Frist fruchtlos verstrichen ist, fordern wir Ihre Mandantin letztmalig auf, die Fachbücher bis spätestens zum
>
> **15.12.2016**
>
> herauszugeben. Andernfalls werden wir namens und im Auftrag unserer Mandantin umgehend gerichtliche Schritte einleiten.
>
> Mit freundlichen kollegialen Grüßen
>
> Dr. Gerlinde Wellinger
> Rechtsanwältin

b) Lösungsbeispiel:

Sehr geehrte Frau Kuckert,

wir übersenden Ihnen unser Schreiben an Herrn Rechtsanwalt Dr. Feist vom 02.12.2016 zu Ihrer Kenntnisnahme.

Gleichzeitig erinnern wir Sie an die Begleichung unserer Kostenvorschussrechnung vom 13.11.2016.

Wir bitten Sie, den Rechnungsbetrag in Höhe von 320,00 € nun bis spätestens zum 15.12.2016. auf eines der unten aufgeführten Kanzleikonten zu überweisen.

Freundliche Grüße

Dr. Gerlinde Wellinger
Rechtsanwältin

Anlage

3. Lösungsbeispiel:

Sehr geehrter Herr Bulter,

mit Schreiben vom 26.10.2016 habe ich Ihnen das Schreiben des Landgerichts München I vom 23.10.2016 übersandt und Sie gebeten, mir noch verschiedene Unterlagen, die für den Antrag auf Prozesskostenhilfe benötigt werden, zukommen zu lassen.

Leider liegen mir diese Unterlagen bis heute nicht vor, sodass ich beim Landgericht München I um Fristverlängerung von zwei Wochen gebeten habe.

Bitte senden Sie mir die vom Gericht benötigten Unterlagen (aktuelle Kontoauszüge der letzten drei Monate, Kopie des Mietvertrags, aktuelle Stromabrechnung) nun unverzüglich zu, da das Landgericht München I andernfalls ggf. die Bewilligung der Prozesskostenhilfe ablehnen wird.

Freundliche Grüße

Josef Vogel
Rechtsanwalt

4. Lösungsbeispiel:

Sehr geehrte Damen und Herren,

mit Schreiben vom 25.10.2016 haben wir um Mitteilung der aktuellen ladungsfähigen Anschrift von Eva Heuberger gebeten und einen Verrechnungsscheck in Höhe von 10,00 € für die entstehenden Kosten übersandt.

Wir bitten nochmals um Erledigung bis zum **28.11.2016**, da die Angelegenheit eilt.

Mit freundlichen Grüßen

Carsten Baumeister
Rechtsanwalt

5. Lösungsbeispiel:

Sehr geehrte Frau Schunkel,

leider musste ich feststellen, dass Sie unsere Kostenvorschussrechnung vom 15.12.2016 in Höhe von 930,81 € nicht fristgerecht überwiesen haben.

Ich bitte nochmals um Überweisung des Rechnungsbetrags bis spätestens zum

10.01.2017

auf eines meiner unten genannten Kanzleikonten.

Sofern der Betrag in Höhe von 930,81 € nicht fristgerecht beglichen wird, sehe ich mich leider gezwungen, das Mandat niederzulegen und das gerichtliche Mahnverfahren gegen Sie einzuleiten.

Mit freundlichen Grüßen

Laura Bartosch
Rechtsanwältin

6. Lösungsbeispiel:

Sehr geehrte Frau Kimmken,
sehr geehrte Damen und Herren,

Sie haben mit Schreiben vom 08.01.2017 mitgeteilt, dass Sie zur Bearbeitung des Antrags unseres Mandanten weitere Daten benötigen und darum gebeten, das Formular „F" auszufüllen und zurückzusenden.

Leider lag das Formular „F" dem Schreiben vom 08.01.2017 nicht bei. Auf telefonische Nachfrage sicherten Sie zu, dass Sie uns dieses per E-Mail noch übersenden würden.

Da uns bis zum heutigen Tag das Formular „F" weder auf dem Postweg noch per E-Mail zugegangen ist, bitte ich nochmals um Erledigung, damit über den Antrag unseres Mandanten entschieden werden kann.

Mit freundlichen Grüßen

Emil Schreiber
Rechtsanwalt

7. Lösungsbeispiel:

Sehr geehrte Damen und Herren,

mit Schreiben vom 28.01.2017 habe ich darum gebeten, mir einen aktuellen Grundbuchauszug für das Grundstück in Heidenheim, Hauptstraße 111, Flurnummer 1556, sowie den Überlassungsvertrag vom 13.08.2010 zu übersenden, da ich diese Unterlagen zur Errechnung des Pflichtteilsanspruchs meines Mandanten benötige.

Bis heute liegen mir die erbetenen Unterlagen jedoch noch nicht vor.

Ich bitte deshalb nochmals dringend um Erledigung bzw. um Mitteilung, welche Hinderungsgründe entgegenstehen.

Freundliche Grüße

Dr. Stephan Cäsar
Rechtsanwalt

8. Lösungsbeispiel:

Sehr geehrter Herr Weihrauch,

mit Schreiben vom 05.01.2017 haben wir Sie aufgefordert, die rückständige Kaufpreiszahlung in Höhe von 5.630,00 € sowie die vorgerichtlichen Rechtsanwaltskosten in Höhe von 571,44 € bis zum 25.01.2017 zu begleichen.

Die Frist ist jedoch ereignislos verstrichen.

Wir fordern Sie daher letztmalig auf, den Betrag in Höhe von 5.630,00 € sowie die aufgrund des Verzugs zu zahlenden Rechtsanwaltskosten in Höhe von 571,44 € bis spätestens zum

10.02.2017

zu begleichen. Sollte diese Frist wieder fruchtlos verstreichen, werden wir umgehend Klage erheben.

Mit freundlichen Grüßen

Kirsten Ricken
Rechtsanwältin

9. Lösungsbeispiel:

Sehr geehrter Herr Benkert,

wir hatten besprochen, dass Sie die Kostenendabrechnung vom 16.12.2016 in Höhe von insgesamt 455,50 € in monatlichen Raten von 50,00 € begleichen werden. Vereinbart war, dass Sie die monatlichen Raten jeweils zum 30. eines Monats auf eines meiner Kanzleikonten überweisen.

Leider musste ich nunmehr feststellen, dass Sie die Rate für den Monat März nicht fristgerecht überwiesen haben. **Bitte überweisen Sie diese Rate nunmehr bis spätestens zum 20.04.2017.**

Weiterhin bitte ich Sie dringend, die **Ratenzahlungen zum 30.04.2017 wieder aufzunehmen.**

Sofern die Rate für den Monat März nicht fristgerecht beglichen wird und die Ratenzahlung zum 30.04.2017 nicht wieder aufgenommen wird, wird der gesamte Restbetrag der Kostenendabrechnung sofort zur Zahlung fällig und ich würde mich gezwungen sehen, das gerichtliche Mahnverfahren gegen Sie einzuleiten.

Freundliche Grüße

Kurt-Peter Fichtner
Rechtsanwalt